व्यावहारिक एवं प्रशासनिक हिंदी

कमलेश बजाज

डायमंड बुक्स

www.diamondbook.in

प्रकाशक : डायमंड पॉकेट बुक्स (प्रा.) लि.
X-30, ओखला इंडस्ट्रियल एरिया, फेज- II
नई दिल्ली- 110020
फोन : 011- 40712200
ई- मेल : sales@dpb.in
वेबसाइट : www.diamondbook.in
संस्करण : 2023
मुद्रक : रेप्रो (इंडिया)

Vyavaharik Evam Prashasanik Hindi
by *Kamlesh Bajaj*

समर्पित

स्वर्गीय माताजी श्रीमती सरोजबाला
स्वर्गीय पिताजी श्री एच. बी. सक्सेना
डॉ. रमेश सक्सेना, श्रीमती राजेश्वरी माथुर
श्री राजेश बजाज, डॉ. ऋचा, ऋषभ
एवं
भास्कर रेड्डी को विशेष हार्दिक धन्यवाद के साथ

दो शब्द

(द्वितीय संस्करण)

यह इस पुस्तक का दूसरा संस्करण है, इसमें मैंने हिंदी व्याकरण के कुछ अनछुए पहलुओं को भी समाहित करने का प्रयास किया है, मुझे आशा है कि यह पुस्तक पाठकों के लिए उपयोगी होगी।

यह मेरी पहली पुस्तक है। 'व्यावहारिक एवं प्रशासनिक हिंदी' पुस्तक लिखने की इच्छा कई वर्षों से थी लेकिन समयाभाव के कारण पुस्तक नहीं लिख सकी। मेरे प्रशिक्षणार्थी प्राय: अहिंदीभाषी रहे और वे मुझ से अनुरोध करते रहते थे कि मैं सरल एवं व्यावहारिक व्याकरण पर कोई पुस्तक लिखूँ, मगर दिल्ली की भागदौड़ भरी जिंदगी में इतना समय नहीं मिल सका की पुस्तक लिख पाऊं। लेकिन प्रशिक्षणार्थियों द्वारा बार-बार अनुरोध करने के कारण मेरी इच्छा तब बलवती हो गई, जब मुझे पदोन्नति पर गुवाहाटी जाना पड़ा। वहाँ मुझे दिल्ली जैसी भागदौड़ नहीं करनी पड़ती थी और अकेले समय बिताना भी कठिन होता था विशेषकर शनिवार एवं रविवार। मैंने इस का लाभ उठाते हुए कविता, कहानी, लेख आदि लिखने प्रारंभ कर दिए तथा इस पुस्तक को भी लिखना प्रारंभ कर दिया। मुझे बस एक कमी खली कि यहाँ मुझे कोई पुस्तकालय नहीं मिला जहां से मैं कुछ लेखन सामग्री प्राप्त कर सकूं। असमिया एवं बंगला व्याकरण की पुस्तकें तो उपलब्ध हुईं, लेकिन हिंदी व्याकरण की कोई पुस्तक मुझे उपलब्ध नहीं हो सकी। मैंने अपने ज्ञान के आधार पर ही सरल व्याकरण के पाठों को लिखा।

ये व्याकरण के पाठ मैंने विशेषकर अपने अहिंदीभाषी प्रशिक्षार्थियों को ध्यान में रखते हुए लिखे हैं। मुझे आशा है कि व्याकरण के पाठों से अहिंदीभाषी प्रशिक्षार्थियों की कुछ कठिनाइयों का निवारण अवश्य होगा।

पुस्तक लिखने की प्रेरणा मुझे हमारे पूर्व निदेशक डॉ. जय प्रकाश कर्दम जी से मिली। उन्होंने अपने मॉरिशस प्रवास के दौरान एक बहुत ही अच्छे खंड काव्य "राहुल" की रचना की थी। मैंने भी एक छोटा सा प्रयास किया है कि मैं भी गुवाहाटी प्रवास के दौरान अपनी पहली पुस्तक प्रकाशित कर सकूँ। अप्रत्यक्ष

रूप से मुझे पुस्तक लिखने की प्रेरणा देने के लिए मैं अपने प्रशिक्षणार्थियों एवं डॉ. कर्दम का हृदय से आभार व्यक्त करती हूँ। इस पुस्तक की रचना मैंने नाम व लाभ कमाने के लिए नहीं की है अपितु अपने प्रशिक्षार्थियों को हिंदी सीखने में आने वाली कठिनाइयों को दूर करने के लिए की है। इस पुस्तक की टाइपिंग आदि में सहयोग के लिए केंद्रीय हिंदी प्रशिक्षण संस्थान के अपने साथियों का धन्यवाद करती हूँ, जिनके सहयोग से यह पुस्तक प्रकाशित हो सकी।

—कमलेश बजाज
नई दिल्ली

विषय सूची

1. दो शब्द 5

2. हिंदी वर्णमाला 10

3. लिपि 13

4. देवनागरी लिपि 16

5. हिंदी वर्तनी का मानकीकरण 18

6. संज्ञा 26

7. सर्वनाम 31

8. विशेषण 35

9. क्रिया 38

10. कारक 43

11. लिंग 49

12. काल (Tense) 52

13. टिप्पणी 57

14. मसौदा लेखन 61

15. सरकारी पत्र 62

16. अर्ध सरकारी पत्र 64

17. कार्यालय ज्ञापन 66

18. कार्यालय-आदेश 68

19. आदेश 70

20. अंतरविभागीय टिप्पणी 72

21. पृष्ठांकन 73

22. अधिसूचना और संकल्प 74

23. परिपत्र 77

24. प्रेस विज्ञप्ति और प्रेस टिप्पणी 79

25. प्रेस टिप्पणी 81

26. अनुस्मारक 82

27. हिंदी की पारिभाषिक शब्दावली 83

व्याकरण

हिंदी वर्णमाला

स्वर – अ आ इ ई उ ऊ ऋ ए ऐ ओ औ
अं अः

व्यंजन –

क ख ग घ ङ
च छ ज झ ञ
ट ठ ड ढ ण
त थ द ध न
प फ ब भ म
य र ल व श ष स ह
क्ष त्र/त्र ज्ञ श्र
ड़ ढ़

स्वर– 13

व्यंजन– 39

स्वर उन्हें कहते हैं जिन के उच्चारण में किसी अन्य वर्ण की सहायता नहीं लेनी पड़ती है, वे स्वयं ही उच्चरित होने की क्षमता रखते हैं, जैसे अ, आ, इ ई आदि।

हिंदी में स्वरों के स्थान पर उनके चिह्न भी प्रयोग किए जाते हैं। हिंदी में स्वरों के चिह्न हैं जैसे

अ –
आ   ा
इ   ि
ई   ी
उ   ु
ऊ   ू

ऋ   ृ
ए   े
ऐ   ै
ओ   ो
औ   ौ
अं   ं
अः   ः

व्यंजन : व्यंजन उन्हें कहते हैं जिन्हें उच्चारण के लिए स्वरों की सहायता लेनी पड़ती है। जैसे क्+अ = क

हिंदी में "र" एक सबसे अलग व्यंजन है, इसका प्रयोग कई प्रकार से किया जाता है। "र" में उ एवं ऊ की मात्रा भी अन्य व्यंजनों की तरह नीचे नहीं लगाई जाती बल्कि बीच में लगाई जाती है जैसे र में "उ" की मात्रा रु जैसे रुपया तथा र में ऊ की मात्रा रू जैसे रूप का प्रयोग किया जाता है।

"र" का प्रयोग कई प्रकार से किया जाता है जैसे
"राष्ट्रीय कार्यक्रम" इस में चार तरह से "र" का प्रयोग दर्शाया गया है
र, ट्र, र्य, क्र

ट्र का वर्ण विन्यास करें तो	ट् + र + अ = ट्र
र्य का वर्ण विन्यास करें तो	र्+ य + अ = र्य
क्र का वर्ण विन्यास करें तो	क् + र + अ = क्र

कुछ भ्रांतियां "र" और "ऋ" में

ग्रह एवं गृह	ग् + र + ह = ग्रह
	ग + ऋ + ह = गृह
मात्र एवं मातृ	म + आ + त् + र = मात्र
	म + आ + त् + ऋ = मातृ

यह "ऋ" की मात्रा है
जैसे : कृपा, कृपया, कृषि आदि।
श, ष, स लिखते समय निम्नलिखित बातों पर ध्यान देना चाहिए।
क) "ष" का प्रयोग संस्कृत के शब्दों में ही किया जाता है

जैसे संतोष, विशेष, मूषक, भाषा

ख) जब क, ख, ट, ठ, और प, फ के पूर्व विसर्ग (.) हो तो संधि के बाद विसर्ग का "ष" हो जाता है और यदि किसी शब्द में "स" हो तो उसके पहले या "आ" के अतिरिक्त कोई भिन्न स्वर हो तो "स" के स्थान पर "ष" हो जाता है और "ट" वर्ण के पूर्व भी केवल "ष" ही आता है। इतना ही नहीं "ऋ" के बाद "ष" ही आता है जैसे ऋषभ, ऋषि, कृषि आदि।

ग) यदि उपसर्ग नि: या वि आए तो "स" अपने स्थान पर बना रहेगा। उदाहरणार्थ नि:संदेह, विस्तार आदि।

लिपि

लिपि की उत्पत्ति भाषा की उत्पत्ति के बाद हुई है। लिपि मानव द्वारा किए गए अविष्कारों में एक महत्वपूर्ण अविष्कार है। लिपि की उत्पत्ति से पहले मानव के भावों की अभिव्यक्ति बोलने और सुनने तक ही सीमित थी। मनुष्य की यह अभिलाषा रही होगी कि उसके ज्ञान–विज्ञान संबंधी भाव और विचार दूर-दूर तक पहुँचे और उन्हें आगे आने वाली पीढ़ियों तक पहुँचाएँ और उनके लिए ज्ञान संचित कर उनका संरक्षण करें। इस आवश्यकता की पूर्ति करने के लिए मानव लिपि का अविष्कार किया।

भाषा के उच्चरित रूप को निर्धारित प्रतीक चिह्नों के माध्यम से लिखित रूप देने का साधन ही लिपि है अर्थात् भाषा के लिखने का ढंग लिपि है। लिपि मनुष्य द्वारा अपने भावों, विचारों, अनुभवों को संप्रेषित करने का दृश्य माध्यम है, भाव संप्रेषण चार प्रकार से किए जा सकते हैं। लिखकर, बोलकर, सुनकर, पढ़कर। इसमें लिखकर और पढ़कर जिन विचारों का संप्रेषण किया जाता है उनके लिए लिपि का होना अत्यंत आवश्यक है, बिना लिपि के हम विचारों को लिख नहीं सकते और जहां लिखा नहीं जा सकता तो पढ़ने का तो प्रश्न ही नहीं उठता।

विश्व में लगभग 2000 से 3000 के बीच भाषाएं हैं जो भिन्न-भिन्न लिपियों में लिखी जाती हैं। विश्व की कुछ भाषाओं की लिपियां इस प्रकार हैं-

भाषा	**लिपि**
संस्कृत, हिंदी, मराठी, नेपाली	देवनागरी
उर्दू, अरबी	फारसी, अरबी
पंजाबी	गुरुमुखी
चीनी (मैंडलीन)	चित्र लिपि
अंग्रेजी, फ्रेंच, स्पेनिश, जर्मन	रोमन
रूसी बुल्गेरियन	रूसी

लिपि की सहायता से ही हम सहस्त्रों वर्ष पूर्व के शिलालेख, ताम्रपत्र, हस्तलेख आदि पढ़ पाए। जिसकी मदद से हम उस काल के इतिहास, सभ्यता तथा संस्कृति को जान पाए। लिपि की मदद से ही हम इतिहास में हुई प्रगति तथा खोजो से परिचित हो पाए। विज्ञान की तरक्की से पहले भाषा की तरक्की हुई तभी हम ज्ञान को संचित कर पाए और पूर्व ज्ञान के सहारे आज मानव मंगल ग्रह तक पहुँच गया है और इसका श्रेय लिपि को ही जाता है।

भारत में अनेक लिपियाँ प्रचलित हैं क्योंकि भारत एक बहुभाषिय देश है, भारत में लगभग 1652 भाषाएं एवं बोलियाँ बोली जाती हैं। भारतीय लिपियों का विकास ब्राह्मी लिपि से हुआ है। ब्राह्मी लिपि के प्राचीनतम नमूने, शिलालेखों पर ईसा से 500 वर्ष पूर्व के प्राप्त होते हैं और लगभग 350 ईसवी तक इसका यह स्वरूप प्रचलित रहा। बाद में इसकी दो शैलियाँ उत्तरी और दक्षिणी विकसित हो गई। उत्तरी शैली का परवर्ती समय में गुप्त लिपि के नाम से जाना जाने लगा। इसके बाद कुटिल लिपि का विकास हुआ जो छठी से नवीं शताब्दी तक उत्तर भारत में प्रचलित रही। दसवीं शताब्दी में कुटिल लिपि से ही देवनागरी लिपि का विकास हुआ। इस प्रकार देवनागरी लिपि का प्रारंभ 1000 ईसवी से माना जाता है। देवनागरी लिपि निरंतर विकसित होती गई और वर्तमान में यह बहुत ही समृद्ध लिपि के रूप में विकसित हुई है। देवनागरी लिपि को विद्वानों ने आज पूर्णत: एक वैज्ञानिक लिपि माना है।

भारतीय भाषाओं को भारोपीय, द्रविड, आस्ट्रो, एशियाटिक और चीनी-तिब्बती परिवारों में बाँटा गया है।

- भारोपीय परिवार : हिंदी, असमिया, बांग्ला, ओडिसा, मराठी, गुजराती, पंजाबी, सिंधी, कश्मीरी और मलयालम।
- द्रविड परिवार : तमिल, तेलुगु, कन्नड।
- आस्ट्रो एशियाटिक परिवार : संताली।
- चीनी-तिब्बती परिवार : बोडो, मणिपुरी।

संविधान की अष्टम अनुसूची में बाईस भाषाओं को "राष्ट्रीय भाषा" का दर्जा दिया गया जिनकी लिपियाँ इस प्रकार हैं –

भाषा	**लिपि**
1. असमी	असमिया
2. ओड़िआ	ओड़िआ
3. उर्दू	अरबी/फारसी
4. कन्नड	कन्नड
5. कश्मीरी	पश्तो–अरबी
6. कोंकणी	देवनागरी
7. गुजराती	गुजराती/देवनागरी
8. तमिल	तमिल
9. तेलुगु	तेलुगु
10. नेपाली	देवनागरी
11. पंजाबी	गुरुमुखी
12. बांगला	बांगला
13. मणिपुरी	मैती
14. मराठी	देवनागरी
15. मलयालम	मलयालम
16. संस्कृत	देवनागरी
17. सिंधी	अरबी/देवनागरी
18. हिंदी	देवनागरी
19. संताली	देवनागरी/ओलिची
20. मैथिली	देवनागरी/मैथिली
21. बोड़ो	देवनागरी
22. ढोगरी	देवनागरी

देवनागरी लिपि

हिंदी संघ की राजभाषा है, इसलिए हिंदी का मानक रूप निर्धारित करना आवश्यक था, जिससे वर्णमाला में सर्वत्र एकरूपता रहे। हिंदी वर्णमाला एवं अंकों का मानक स्वरूप निर्धारित किया गया है।

मानक हिंदी वर्णमाला

स्वर –

अ आ इ ई उ ऊ ऋ ए ऐ ओ औ अं अः

व्यंजन	उच्चारण के अनुसार	
क ख ग घ ङ	कंठय	Guttrral
च छ ज झ ञ	तालव्य	Palatels
ट ठ ड ढ ण	मूर्धन्य	Cerebrals
त थ द ध न	दंत्य	Dentals
प फ ब भ म	ओष्ठय	labials
य र ल व	अंतस्थ/अर्धस्तर	Semi vovel
श ष स ह ड़ ढ़	उष्म	Sibilants
क्ष त्र ज्ञ श्र	संयुक्त व्यंजन	Conjunts

(कुल 52 वर्ण)

हिंदी अंक

संविधान के अनुच्छेद 343(1) के अनुसार संघ के राजकीय प्रयोजनों के लिए प्रयुक्त होने वाले अंको का रूप भारतीय अंकों का अंतर्राष्ट्रीय रूप होगा, परंतु राष्ट्रपति, संघ के किसी भी राजकीय प्रयोजन के लिए भारतीय अंकों के अंतर्राष्ट्रीय रूप को प्राधिकृत कर सकते हैं।

भारतीय अंकों का अंतर्राष्ट्रीय रूप

1 2 3 4 5 6 7 8 9 0

हिंदी लिखने का तरीका

हिंदी लिखने के लिए शिरोरेखा का महत्व है, शिरोरेखा के नीचे वर्ण लिखा जाता है तथा उसके ऊपर मात्रा लगाई जाती है।

वर्णमाला अर्थात वर्णों की माला, इसके अंतर्गत स्वर एवं व्यंजन आते हैं हिन्दी में कुल 52 वर्ण हैं।

1. स्वर

जिन वर्णों का उच्चारण करते समय किसी अन्य वर्गों की सहायता नहीं लेनी होती वे स्वर कहलाते हैं।

स्वरों के दो भेद हैं:-

क) ह्रस्व स्वर – जिन स्वरों के उच्चारण में न्यूनतम समय लगता है जैसे : अ, इ, उ, ए।

ख) दीर्घ स्वर – जिन स्वरों के उच्चारण में ह्रस्व स्वर से दुगुना समय लगे जैसे : आ, ई, ऊ, ऐ।

2. व्यंजन

वे वर्ण जिनका उच्चारण करते समय स्वर की मदद लेनी पड़ती है।

क) स्पर्श व्यंजन– इसके पांच वर्ण हैं। क से म तक

ख) अंतस्थ व्यंजन– य र ल व

ग) उष्म व्यंजन– श ष स ह

घ) संयुक्त व्यंजन– श त्र ज्ञ श्र

क्ष (क्+ष) त्र (त्+र) ज्ञ (ज्+ञ) श्र (श्+र)

3. अनुस्वार

4. विसर्ग

5. अनुनासिक

6. अर्ध चंद्र

7. हल चिह्न

8. गृहित व्यंजन   ज़ फ़

हिंदी वर्तनी का मानकीकरण

किसी भी भाषा को सीखने के लिए उस भाषा का व्याकरण और उसकी लिपि का ज्ञान होना अनिवार्य है।

लिपि का पहला पक्ष है-सामान्य और विशिष्ट स्वनों के पृथक प्रतीक वर्णों की समृद्धि, उनका परस्पर स्पष्ट आकार–भेद, लिखावट में सरलता तथा स्थान एवं प्रयत्न – लाधव।

लिपि का दूसरा पक्ष है-वर्तनी। एक ही स्वन को प्रकट करने के लिए विविध रूपी वर्णों का प्रयोग, वर्तनी को जटिल बना देता है और यह लिपि का एक सामान्य दोष माना जाता है। यद्यपि देवनागरी लिपि में यह दोष न्यूनतम है।

हिंदी वर्तनी में एकरूपता लाने के लिए उसका मानकीकरण किया गया। मानकीकरण करने के लिए एक समिति बनाई गई। वर्ष 2003 में इस समिति ने एक अखिल भारतीय संगोष्ठी की तथा कुछ नियम बनाए।

हिंदी वर्तनी के अद्यत नियम इस प्रकार है :-

1. संयुक्त वर्ण
क) खड़ी पाई वाले व्यंजन

हिंदी में कुल 22 व्यंजन खड़ी पाई वाले हैं

ख, ग, घ, च, ज, झ, ण, त, थ, न, प, ब, भ, म, य, ल, व, श, ष, स

इन व्यंजनों का संयुक्त रूप खड़ी पाई को हटाकर बनाना है जैसे :

ख्याल, मग्न, विघ्न

बच्चा, पिज्जा

झण्डा

पत्ता, आतिथ्य, ध्वज, न्याय

प्यार, अब्बा, सभ्यता, सम्पादक

भैय्या, उल्लू, व्योम, श्लोक, राष्ट्र, स्वप्न, यक्ष्या, त्र्यंबक

ख) क, फ, खड़ी पाई होने के बावजूद भी पाई के बाद के चिह्न को हटाया जाता है न कि खड़ी पाई को जैसे पक्का, चक्की, दफ्तर आदि।

ग) ड, छ, ट, ठ, ड, ढ, द, ह के संयुक्ताक्षर हल चिह्न लगाकर ही बनाए जाते हैं जैसे वाङ्मय, मिट्टी, बुड्ढा, विद्यालय, चिह्न, बुद्ध आदि।

घ) संयुक्त "र" के प्रचलित तीनों रूप यथावत् रहेंगे यथा राष्ट्रीय कार्यक्रम।

ड) त्र का प्रचलित रूप ही मान्य होगा। त्+र के संयुक्त रूप के लिए त्र तथा त्र दोनों रूप का प्रयोग किया जा सकता है। व्यंजन + र के संयुक्ताक्षर ऐसे लिखे जाएंगे क्र, प्र, ब्र, स्र छ आदि।

च) हल चिह्न युक्त वर्ण से बनने वाले संयुक्ताक्षर के द्वितीय व्यंजन के साथ "इ" की मात्रा का प्रयोग संबंधित व्यंजन के तत्काल पूर्व ही किया जाएगा, न कि पूरे युग्म से पूर्व यथा, छुट्टियां, बुद्धि, द्वितीय, चिह्नित आदि।

2. कारक चिह्न

क) हिंदी के कारक चिह्न सभी प्रकार के संज्ञा शब्दों में प्रतिपादित से पृथक लिखे जाएं। जैसे राम ने, पुरुषों का सेवा में आदि।

चिह्न प्रतिपादित से मिलाकर लिखे जाएं, जैसे आपका, इनसे, उसपर।

ख) सर्वनामों में यदि दो कारक हैं तो पहला मिलाकर दूसरा अलग लिखा जाए जैसे इनमें से, उसपर से आदि।

ग) सर्वनाम और कारक चिह्न के बीच, ही तक आदि का निपात हो तो कारक चिह्न को अलग लिखा जाता है-

आप ही के लिए, उस तक से

3. क्रिया पद

संयुक्त क्रिया पदों में सभी अंगीभूत क्रियाएं अलग-अलग लिखी जाती हैं। जैसे-

लिखा करती है, खाया जाता है, पढ़ी जाती है, घूमता रहता है। आदि,

4. योजक चिह्न (हाइफन)

इसका प्रयोग स्पष्टता के लिए किया जाता है

क) द्वंद समास के पदों के बीच हाइफन रखा जाए जैसे राम-सीता, लक्ष्मी-गणेश, खेलना-कूदना आदि।

ख) सा, जैसा आदि से पूर्व हाइफन रखा जाए जैसे तुम-सा, सीता-जैसे

ग) तत्पुरुष समास में हाइफन का प्रयोग तभी करना चाहिए जहाँ भ्रम की स्थिति पैदा होती है जैसे भू-तत्व।

इसी तरह अ-नख (बिना नाखून का) यदि हाइफन न लगाए तो अनख (क्रोध) बन जाएगा।

घ) कठिन संधियों से बचने के लिए भी हाइफन का प्रयोग किया जाता है जैसे द्विः-अक्षर (द्व्यक्षर), दवि-अर्थक (द्वयर्थक)।

5. अव्यव

क) तक साथ यहाँ, वहाँ आदि अव्यव सदा पृथक लिखे जाते हैं जैसे वहाँ तक उनके साथ आदि।

ख) ओह, अहा, आह, ऐ, ही, सी, भी, न, जब, तक, कब, यहाँ, वहाँ, कहाँ, किंतु, मगर, लेकिन, या, अथवा, यथा, और, आदि अनेक प्रकार के भावों का बोध कराने वाले अव्यय हैं। कुछ अव्ययों के आगे कारक चिह्न भी आते हैं। जैसे अबसे, तबसे, जहाँ से आदि।

अव्यय हमेशा अलग लिखे जाने चाहिए जैसे हाथ भर, देश भर, आपके साथ आदि।

ग) सम्मानार्थक "श्री" और "जी" अव्यय भी पृथक लिखे जाएं, जैसे श्री श्रीराम, सुदामा जी आदि।

घ) समस्त पदों में प्रति, मात्र, यथा आदि अव्यय जोड़कर लिखे जाते हैं जैसे यथासंभव, निमित्तमात्र, प्रतिदिन आदि।

6. अनुस्वार (बिंदी) तथा अनुनासिक (चंद्रबिंदु)

क) अनुस्वार-यह एक व्यंजन है।

ख) संस्कृत शब्दों का अनुस्वार अन्यवर्गीय वर्गों से पहले यथावत् रहेगा, जैसे संरक्षण, संयम, संलाप, संवाद, वंश, संसार, संशय आदि।

ग) संयुक्त व्यंजन के रूप में पंचम वर्ण के बाद सवर्गीय शेष चार वर्णों में कोई वर्ण हो तो एकरूपता की दृष्टि से अनुस्वार का ही प्रयोग किया जाता है, जैसे गंगा, कंठ, पंथ, संबंध आदि।

घ) यदि पंचमाक्षर के बाद किसी अन्य वर्ग का कोई वर्ण आए तो पंचमाक्षर अनुस्वार के रूप में परिवर्तित नहीं होगा जैसे अन्य, उन्मुक्त, वाङ्मय आदि।

ड) पंचम वर्ण यदि दुबारा आए तो पंचम वर्ण अनुस्वार में परिवर्तित नहीं होगा जैसे सम्मान, अन्न आदि।

च) संस्कृत के तत्सम शब्दों के अंत में अनुस्वार का प्रयोग म् का सूचक है जैसे–अहं (अहम्) एवं (एवम्)

अनुस्वार का प्रयोग पंचमाक्षर के स्थान पर किया जाता है, हिंदी में पंचमाक्षर न लिख कर अनुस्वार के ही प्रयोग को मानक माना गया है।

अनुस्वार का नियम

1.	क	ख	ग	घ	ङ
2.	च	छ	ज	झ	ञ
3.	ट	ढ	ड	ढ	ण
4.	त	थ	द	ध	न
5.	प	फ	ब	भ	म

पाँच वर्गों में पाँच-पाँच वर्ण हैं

प्रथम क वर्ग :

क, ख, ग, घ इसका अंतिम वर्ण ङ है यदि क, ख, ग, घ वर्ण से पूर्व अनुस्वार है तो उस अनुनासिक के स्थान पर उसी वर्ग के अंतिम वर्ण "ङ" को आधे वर्ण के रूप में प्रयोग किया जा सकता है जैसे

कंकड़ इसे कङ्कङ के रूप में भी लिखा जा सकता है।

पंख – पङ्ख

गंगा – गङ्गा

कंघा – कङ्घा

द्वितीय च वर्ग :

च, छ, ज, झ से पहले अनुस्वार हो तो उसी वर्ग का अंतिम वर्ण "ञ" अर्ध रूप में प्रयुक्त किया जा सकता है जैसे

चंचल – चञ्चल

पंछी – पञ् छी

मनोरंजन – मनोर ञ् जन

झंझट – झ ञ् झट

तृतीय वर्ग ट वर्ग :

ट, ठ, ड, ढ से पूर्व अनुस्वार होने पर उसी वर्ग का अंतिम वर्ण "ण" अर्ध रूप प्रयुक्त होगा जैसे

घंटा – घण्टा

कंठ – कण्ठ

झंडा – झण्डा

पंढरपुर – पण्ढरपुर

चतुर्थ वर्ग त वर्ग :

त, थ, द, ध से पूर्व अनुस्वार होने पर उसी वर्ग का अंतिम वर्ण "न" अर्ध रूप में प्रयुक्त होता है जैसे

पंत – पन्त

पंथ – पन्थ

बंद – बन्द

बंधन – बन्धन

पंचम वर्ग प वर्ग :

प, फ, ब, भ से पूर्व अनुस्वार होने पर उसी वर्गका अंतिम वर्ण "म" अर्ध रूप में प्रयुक्त होता है जैसे

संपादक – सम्पादक

नवंबर – नवम्बर

संभव – सम्भव

षष्ठ वर्ग म वर्ग :

यदि अनुस्वार अंतिम वर्ण पर होता है तो वह हमेशा पंचमाक्षर के अंतिम वर्ण "म" का अर्ध रूप ही प्रयुक्त होता है जैसे

शिवं – शिवम्

एवं – एवम्

अहं – अहम्

6. अनुनासिक (चंद्रबिंदु)

(क) अनुनासिक व्यंजन नहीं है, यह स्वरों का ध्वनि ग्रुप है।

(ख) हिंदी के शब्दों में उचित ढंग से चंद्रबिंदु का प्रयोग अनिवार्य है।

(ग) चंद्रबिंदु का वहाँ प्रयोग अनिवार्य रूप से करना चाहिए। जहाँ अर्थ भ्रम की गुंजाइश रहती है जैसे हंस, हँस, अंगना, अँगना आदि।

(घ) शिरोरेखा के ऊपर मात्रा के साथ चंद्रबिंदु के स्थान पर बिंदी का प्रयोग करने की छूट है जैसे नहीँ, मेँ, मैँ, क्योँ के स्थान पर नहीं, में, मैं, क्यों।

7. विसर्ग

संस्कृत के जिन शब्दों में विसर्ग का प्रयोग होता है और उसे तत्सम् शब्द की तरह ही उपयोग किया जा रहा है। अंत में विसर्ग का प्रयोग अनिवार्य रूप से किया जाता है जैसे अतः, पुनः, स्वतः, प्रायः, प्रातः, आदि।

8. हल चिह्न (्‌)

(क) व्यंजन के नीचे लगा हल चिह्न उस व्यंजन के स्वर रहित होने की सूचना देता है।

(ख) जब संस्कृत के तत्सम् शब्दों का प्रयोग वांछनीय हो तब इसका प्रयोग किया जाना चाहिए।

(ग) अंत में आधा व्यंजन नहीं लिख कर उसे हल चिह्न के साथ लिखा जाए।

(घ) हिंदी में जिन शब्दों के हल चिह्न विलुप्त हो गए हैं वहाँ हल चिह्न का प्रयोग नहीं करना चाहिए।

9. स्वन परिवर्तन

(क) संस्कृत मूलक तत्सम शब्दों की वर्तनी को ज्यों-का त्यों ग्रहण किया जाए, उसे बदला न जाए जैसे ब्रह्मा को ब्रम्हा, चिह्न को चिन्ह न किया जाए।

(ख) जिन तत्सम शब्दों में तीन व्यंजनों के संयोग की स्थिति में एक द्विव्यमूलक व्यंजन लुप्त हो गया है उसे न लिखने की छूट है- अर्द् ध-अर्ध,

"ए" "आ" का प्रयोग –

"ए" ़ औ ़ै, उच्चारण को व्यक्त करने के लिए होती है, जैसे है, और आदि उच्चारण को व्यक्त करने के लिए भी इसका प्रयोग किया जाता है भैया, तैयार, कौवा आदि।

संस्कृत के तत्सम शब्द शय्या को शैया न लिखें।

10. पूर्णकालिक कृदंत प्रत्यय "कर"

"कर" को मिलाकर लिखा जाए जैसे खाकर, जाकर, पीकर आदि।

11. वाला

(क) वाला क्रिया रूपों में अलग से लिखा जाए :

आने वाला, जाने वाला, खाने वाला आदि।

(ख) योजन प्रत्यय के रूप में लिखे जाने वाले शब्द एक साथ लिखे जाएंगे जैसे घरवाली, दूधवाला आदि।

(ग) वाला जब प्रत्यय के रूप में आएगा तब मिलाकर लिखा जाएगा अन्यथा अलग जैसे गांववाला और गांव वाला मकान।

12. श्रुतिमूलक "य"

जहाँ श्रुतिमूलक "य" का प्रयोग विकल्प से होता है वहाँ न किया जाए और "ये" के स्थान पर "ए" का प्रयोग किया जाए।

जैसे

किये – किए

लिये – लिए

नयी – नई   "यी" के स्थान पर "ई" का प्रयोग किया जाए।

जहाँ "य" शब्द का ही मूल तत्व हो वहाँ परिवर्तन की आवश्यकता नहीं है जैसे- स्थायी, अव्ययीभाव आदि।

13. विदेशी ध्वनियाँ

(क) उर्दू शब्द – अरबी-फारसी, उर्दू से आए शब्द जिनका हिंदी ध्वनियों में रूपांतर हो चुका है उन्हें हिंदी रूप में ही स्वीकार किए जा सकते हैं जैसे किला, दाग, कलम आदि लेकिन जहाँ उच्चारणगत भेद बताना आवश्यक हो वहाँ नुक्ते का प्रयोग किया जा सकता है जैसे राज और

राज़ खान और ख़ान आदि।

(ख) अंग्रेजी शब्द – अंग्रेजी शब्दों में जहाँ अर्ध "औ" का प्रयोग होता है वहाँ आ की मात्रा के ऊपर अर्धचंद्र का प्रयोग किया जाए जैसे काफी–कॉफी, कॉलेज, बॉस, कॉफी, शॉप आदि।

14. अन्य नियम

(क) हिंदी लिखते समय शिरोरेखा का प्रयोग करना है।

(ख) पूर्ण विराम के लिए खड़ी पाई (।) का प्रयोग करना है, बिंदु का नहीं।

(ग) शेष विराम चिह्न अंग्रेजी भाषा के समय प्रयोग किए जाते हैं। जैसे अर्ध विराम (;) अल्प विराम (,) प्रश्न चिह्न (?) विस्मय बोधक (!)।

संज्ञा

पद – सार्थक वर्ण समूह शब्द कहलाता है किंतु जब-जब इसका प्रयोग वाक्य में होता है तो यह व्याकरण के नियमों में बंध जाता है और इसका रूप भी बदल जाता है। जब कोई शब्द वाक्य में प्रयुक्त होता है तो उसे शब्द न कहकर पद कहा जाता है।

हिंदी में पद पाँच प्रकार के होते हैं।

1. संज्ञा
2. सर्वनाम
3. विशेषण
4. क्रिया
5. अव्यव

निम्नलिखित वाक्यों में रेखांकित शब्दों पर ध्यान दीजिए।

1. रमेश कल <u>अमेरिका</u> गया।
2. वह <u>पुस्तक</u> पढ़ रहा है।
3. <u>बंदर</u> कूदता है।
4. <u>बेइमानी</u> नहीं करनी चाहिए।
5. इसकी <u>लम्बाई</u> देखो।

उपर्युक्त वाक्यों में

1. रमेश एक व्यक्ति का नाम है।
2. पुस्तक एक वस्तु का नाम है।
3. बंदर एक जानवर का नाम है।
4. बेइमानी एक भाव का नाम है।
5. लंबाई से लंबा होना भाव को प्रकट करता है।

ये सभी पद संज्ञा हैं।

वे शब्द जो किसी व्यक्ति, वस्तु, स्थान अथवा भाव के नाम का बोध करवाते हैं, उन्हें 'संज्ञा' शब्द कहते हैं।

संज्ञा शब्द 'सम्+ज्ञा' दो शब्दाशों को मिलाकर बना है। सम का अर्थ है- सम्यक तथा 'ज्ञा' का अर्थ है- ज्ञान। किसी वस्तु विशेष का सम्यक ज्ञान ही संज्ञा कहलाता है। सामान्य रूप से इस संसार में हम किसी भी वस्तु की कल्पना करने के लिए उसे कोई नाम दे देते हैं, वस्तुओं के नाम ही किसी वस्तु का सम्यक ज्ञान करवाते हैं और यही नाम संज्ञा कहलाते हैं।

संज्ञा की पहचान

संज्ञा की पहचान निम्नलिखित है लक्षणों के आधार पर संज्ञा को पहचाना जाता है।

कुछ शब्द प्राणी वाचक होते हैं और कुछ अप्राणी वाचक।

- **प्राणी वाचक शब्द** – बच्चा, बंदर, गाय, कबूतर, आदमी रमेश आदि।
- **अप्राणी वाचक शब्द** – पुस्तक, घर, हवाई जहाज, दाल, चावल, पर्वत, नदी आदि।

कुछ शब्दों की गिनती की जा सकती है और कुछ की गिनती नहीं की जा सकती-

- **गणनीय** – आदमी, पुस्तक, आम, पेड़, नदी आदि की गणना की जा सकती है, इसलिए यह गणनीय हैं।
- **अगणनीय** – दूध, पानी, हवा, धूप, प्रेम आदि की गणना नहीं की जा सकती इसलिए यह अगणनीय हैं।

संज्ञा के भेद

संज्ञा शब्द किसी व्यक्ति, जाति या भाव के नाम का बोध कराते हैं। इसी के आधार पर संज्ञा के तीन प्रमुख भेद किए जाते हैं :

1. व्यक्तिवाचक संज्ञा
2. जातिवाचक संज्ञा
3. भाववाचक संज्ञा

(क) व्यक्तिवाचक संज्ञा

वह शब्द जो किसी एक व्यक्ति, वस्तु, स्थान आदि का बोध करवाता है उसे व्यक्तिवाचक संज्ञा कहते हैं।

ऋच्चा और ऋषभ अपनी कार से दिल्ली से मुंबई जा रहे हैं।

- ऋच्चा और ऋषभ- व्यक्ति का नाम
- कार- यातायात का एक साधन किंतु सम्पूर्ण यातायात नहीं है कार एक माध्यम है इसके कारण यह एक व्यक्ति को इंगित कर रहा है।
- दिल्ली- एक राज्य है किंतु पूरा देश नहीं इसलिए यह व्यक्तिवाचक है।
- मुंबई- एक शहर है किंतु पूरा देश नहीं इसलिए यह भी व्यक्तिवाचक है।

इसी प्रकार मेज, कुर्सी, किताब, पेन, पैंसिल, आदि व्यक्तिवाचक हैं। किसी विशेष व्यक्ति, प्राणी, वस्तु या स्थान का बोध कराने वाले शब्द व्यक्तिवाचक संज्ञा कहलाते हैं।

(ख) जातिवाचक संज्ञा

जो शब्द किसी जाति का बोध करावाता है वह जातिवाचक संज्ञा कहलाता है। जैसे लड़का, आदमी, नदी, पर्वत आदि।

जातिवाचक संज्ञा के दो भेद हैं

1. द्रव्यवाचक संज्ञा
2. समूहवाचक संज्ञा

1. द्रव्यवाचक संज्ञा

जिस संज्ञा शब्दों से किसी धातु, द्रव्य, सामग्री, पदार्थ आदि का बोध हो, उसे द्रव्यवाचक संज्ञा कहते हैं जैसे-

- गेंहू, चावल, दाल, घी-भोजन की सामग्री है।
- सोना, चाँदी, पीतल-आभूषण के लिए एक द्रव्य या पदार्थ हैं।
- ऊन, कपास-एक वस्त्र बनाने की सामग्री।

2. समूहवाचक संज्ञा

जिस संज्ञा शब्दों से किसी एक व्यक्ति का बोध न होकर पूरे समूह/समाज का बोध हो वह समूहवाचक/समुदायवाचक संज्ञा होते हैं जैसे

- सेना-सेना में कई सैनिक होते हैं यहाँ समूह की बात हो रही है।
- पुलिस-पुलिस हर स्थान, राज्य, देश में होती है, यह बड़े रूप को इंगित करती है।
- पुस्तकालय-पुस्तकालय में अनेक पुस्तकें होती हैं।

- दल, समूह-अनेक व्यक्तियों से मिलकर एक दल या समूह का निर्माण होता है।
- समिति, आयोग-अनेक व्यक्तियों से मिलकर एक समिति या आयोग का गठन होता है।
- परिवार-एक परिवार में अनेक सदस्य हो सकते हैं एक दो पीढ़ी भी।

(ग) भाववाचक संज्ञा

जब खिलाड़ियों का <u>जोश</u> खत्म होने लगे जब उनके <u>उत्साह</u> को क्षीण होने से बचाना चाहिए।

रेखांकित शब्दों से मनुष्य के भावों का ज्ञान होता है ऐसे शब्द भाववाचक संज्ञा कहलाते हैं।

जिन संज्ञा शब्दों से किसी व्यक्ति या वस्तु के गुण, धर्म, दोष, शील, स्वभाव, अवस्था अथवा भाव आदि का बोध हो, वे शब्द भाववाचक संज्ञा कहलाते हैं, जैसे-

- बुढ़ापा-बुढ़ापा जटिल की अवस्था है।
- मिठास-मिठास मिठाई का गुण है।
- क्रोध-क्रोध एक भाव या दशा है।
- हर्ष-हर्ष एक भाव या दशा है।
- बालपन-बालपन बालक का गुण एक दशा और अवस्था है।
- मोटापा-मोटापा एक अवस्था है जो मोटापे को इंगित करता है।

भाववाचक संज्ञा शब्दों का निर्माण

भाववाचक संज्ञा शब्दों का निर्माण मुख्य रूप से चार प्रकार के शब्दों से होता है।

(**क**) जातिवाचक संज्ञा शब्दों से, (**ख**) सर्वनाम शब्दों से, (**ग**) विशेषण शब्दों से, (**घ**) क्रिया शब्दों से।

क) जातिवाचक संज्ञाओं से

लड़का-लड़कपन

वीर-वीरता

युवक-यौवन

बुढ़ा-बुढ़ापा

नेता–नेतृत्व
हिंदू–हिंदुत्व

ख) सर्वनाम शब्दों से
आप–आपा
स्व–स्वत्व
मम–ममता
अहं–अहंकार
अपना–अपनापन
सर्व–सर्वस्व

ग) विशेषण शब्दों से
अच्छा–अच्छाई
मोटा–मोटापा
बुरा–बुराई
काला–कालिमा
एक–एकता
मीठा–मिठास

छ) क्रिया शब्दों से
धोना–धुलाई
मिलना–मिलन
पढ़ना–पढ़ाई
लिखना–लिखावट
चलना–चाल

सर्वनाम

संज्ञा के स्थान पर प्रयुक्त किए जाने वाले शब्द सर्वनाम कहलाते हैं।

- सर्वनाम भाषा के सौंदर्य तथा सहजता को बनाए रखने में सहायक होते हैं।
- भाषा का प्रयोग जितना संक्षेप में किया जाए उतनी ही भाषा प्रभावशाली होती है। संज्ञा शब्द बहुधा बड़े लंबे तथा कठिन होते हैं। इनके स्थान पर सर्वनाम शब्दों का प्रयोग करके इस समस्या का समाधान किया जाता है।
- सर्वनाम का रूप लिंग परिवर्तित होने से नहीं बदलता।
- सर्वनाम शब्द का प्रयोग करते समय यह ध्यान रखना चाहिए कि मैं, तू, तुम तथा हम सर्वनामों का अशुद्ध प्रयोग न किया जाए। विशेष रूप से को, का प्रयोग करते समय –

मैं+को को मुझको के स्थान पर मुझे

तू+को को तेरे को के स्थान पर तुझे

तुम+को को तुमको के स्थान पर तुम्हें

हम+को को हमको के स्थान पर हमें का प्रयोग किया जाना चाहिए।

- वचन और कारक के कारण सर्वनाम शब्दों के रूप में परिवर्तन होता है जैसे

वह अभिनय करता है (एकवचन)

वे अभिनय करते हैं (बहुवचन)

- संज्ञा के समान इनके साथ संबोधन का प्रयोग नहीं किया जा सकता।

सर्वनाम के भेद

सर्वनाम के निम्नलिखित छह भेद हैं।

हिंदी में मूलत: सर्वनाम 11 प्रकार के होते हैं–

मैं, तू, आप, यह, वह, जो, सो, कौन, क्या, कोई, कुछ आदि प्रयोग की दृष्टि से सर्वनाम 6 प्रकार के होते हैं।

1. **पुरुषवाचक सर्वनाम**
2. **निश्चयवाचक सर्वनाम**
3. **अनिश्चयवाचक सर्वनाम**
4. **संबंधवाचक सर्वनाम**

5. प्रश्नवाचक सर्वनाम
6. निजवाचक सर्वनाम

1. पुरुषवाचक सर्वनाम

जब कोई व्यक्ति किसी अन्य व्यक्ति के लिए कोई बात कहता है तो मुख्य रूप से तीन वाचक प्रयुक्त होते हैं जो सर्वनाम बोलने और सुनाने के लिए उपयोग किए जाते हैं उन्हें पुरुषवाचक सर्वनाम कहते हैं। प्राणी (पुरुष) का बोध कराने वाले शब्द पुरुषवाचक सर्वनाम कहलाते हैं। पुरुषवाचक सर्वनाम तीन प्रकार के होते हैं।

1. वक्ता (बोलने वाला)

2. श्रोता (सुनने वाला)

3. अन्य (जिसके बारे में कहा जाता है)

इसी के आधार पर जो सर्वनाम कहने वाले, सुनने वाले या जिसके विषय में कहा जाए उनका बोध कराते हैं उन्हें पुरुषवाचक सर्वनाम कहते हैं। इसके तीन मुख्य भेद हैं:-

1. उत्तम पुरुष

2. मध्यम पुरुष

3. अन्य पुरुष

(क) उत्तम पुरुषवाचक सर्वनाम

वक्ता या लेखक अपने लिए जिस सर्वनाम शब्दों का प्रयोग करता है उन्हें उत्तम पुरुषवाचक सर्वनाम कहते हैं। मैं, हम, हम सब, हम लोग आदि।

(ख) मध्यम पुरुषवाचक सर्वनाम

जिन सर्वनाम शब्दों का प्रयोग वक्ता सुनने वालों के लिए करता है। किसी व्यक्ति को संबोधित करके कुछ कहा जाए या जिससे बातें की जाएं या जिसके बारे में कुछ लिखा जाए उनके नाम के बदले में प्रयुक्त होने वाले सर्वनाम मध्यम पुरुष सर्वनाम कहलाते हैं- जैसे तू, तुम, आप, आप लोग, आप सब आदि।

(ग) अन्य पुरुष

वक्ता तथा श्रोता के अतिरिक्त तीसरे अनुपस्थित व्यक्ति के लिए प्रयुक्त सर्वनाम शब्द अन्य पुरुषवाचक सर्वनाम कहलाते हैं। वे, वह, यह, ये आदि।

 व्यावहारिक एवं प्रशासनिक हिंदी

2. निश्चयवाचक सर्वनाम/संकेतवाचक सर्वनाम

वे जो सर्वनाम पास की या दूर की वस्तु या व्यक्ति की ओर निश्चित संकेत करते हैं वे निश्चयवाचक सर्वनाम कहलाते हैं इसे संकेतवाचक सर्वनाम भी कहते हैं।

जो सर्वनाम शब्द किसी व्यक्ति, वस्तु अथवा स्थान का निश्चित रूप से बोध करवाते हैं वे निश्चियवाचक सर्वनाम कहलाते हैं। यही, इसी, वही, उसने आदि निश्चयवाचक सर्वनाम शब्द हैं।

3. अनिश्चयवाचक सर्वनाम

जो सर्वनाम शब्द निश्चित व्यक्ति वस्तु या स्थान का बोध नहीं करवाते उन्हें अनिश्चियवाचक सर्वनाम कहते हैं। जैसे कोई, कुछ। कोई सर्वनाम का प्रयोग प्राय: प्राणीवाचक सर्वनाम के लिए होता है और कुछ सर्वनाम का प्रयोग वस्तु या अप्राणीवाचक के लिए होता है।

- आपको कोई बुला रहा है।
- उसकी कुछ समस्या है।

4. संबंधवाचक सर्वनाम

वाक्य में प्रयुक्त दूसरे संज्ञा या सर्वनाम शब्दों से संबंध दिखाने वाले सर्वनाम संबंधवाचक सर्वनाम कहलाते हैं जैसे जो, सो, जिसने, उसने, जहाँ, वहाँ आदि संबंधवाचक सर्वनाम हैं।

- जो आएगा वो पाएगा।
- जिसकी लाठी उसकी भैंस।
- जो बोएगा वो पाएगा।

5. प्रश्नवाचक सर्वनाम

जो सर्वनाम शब्द किसी व्यक्ति, प्राणी, वस्तु आदि के बारे में प्रश्न का बोध करवाते हैं उन्हें प्रश्नवाचक सर्वनाम कहते हैं। कौन, किन्हें, किस, क्या, कहाँ आदि से प्राप्त हो।

जैसे

कौन आ रहा है?

किसको बुला रहा है?

इन सर्वनामों में कौन तथा किससे प्राणीवाचक के लिए प्रयुक्त हैं तथा क्या अप्राणीवाचक के लिए।

6. निजवाचक सर्वनाम

जिन सर्वनाम शब्दों का प्रयोग स्वयं के लिए किया जाता है वे निजवाचक सर्वनाम कहलाते हैं।

जैसे अपने-आप, खुद, निज, स्वत:, स्वयं।

मैं अपने-आप चला जाऊँगा।

बच्चा खुद खा लेगा।

विशेषण

जो शब्द संज्ञा या सर्वनाम के रूप, गुण, संख्या, मात्रा, परिमाण आदि की विशेषता बताते हैं विशेषण कहलाते हैं। जिन संज्ञा अथवा सर्वनाम शब्दों की विशेषता बताई जाती है वे विशेष्य कहलाते हैं।

जैसे रमेश अच्छा लड़का है।

रमेश विशेष्य है और अच्छा विशेषण है।

हिंदी में 5 प्रकार के विशेषण होते हैं।

1. गुणवाचक विशेषण
2. परिमाणवाचक विशेषण
3. संख्यावाचक विशेषण
4. सार्वनामिक विशेषण
5. व्यक्तिवाचक विशेषण

1. गुणवाचक विशेषण

जो शब्द किसी व्यक्ति या वस्तु के गुण, दोष, रंग, आकार, अवस्था, स्थिति, स्वभाव, दशा, दिशा, गंध, स्पर्श, स्वाद आदि का बोध कराएं गुणवाचक विशेषण कहलाते हैं।

जैसे काला, मोटा, कमजोर, मीठी, बाहरी, भारतीय, अच्छा, बुरा, चिकना आदि।

विशेषण के साथ कैसा/कैसी प्रश्न करने पर जो भी उत्तर मिलता है वह गुणवाचक विशेषण होता है।

प्रश्न : कैसी लड़की–उत्तर : लंबी लड़की

2. परिमाणवाचक विशेषण

वे शब्द जो संज्ञा या सर्वनाम शब्दों की मात्रा (नाप, माप, तोल) का बोध कराते हैं, परिणामवाचक विशेषण कहलाते हैं।

जैसे <u>चार</u> मीटर कपड़ा।

चाय में <u>थोड़ा</u> दूध और डाल दीजिए।

उक्त वाक्यों में थोड़ा दूध अनिश्चयवाचक है और चार मीटर में निश्चित परिणाम का बोध होता है इस आधार पर परिणामवाचक विशेषण के भी दो भेद हैं।

(क) निश्चित परिणामवाचक विशेषण

जो निश्चित मात्रा का बोध कराते हैं।

जैसे–दो मीटर कपड़ा।

एक लीटर दूध।

(ख) अनिश्चित परिणामवाचक विशेषण

जो निश्चित मात्रा का बोध न करवाए।

जैसे सारा काम, अधिक चावल, कम दाल आदि।

3. संख्यावाचक विशेषण

जिन शब्दों द्वारा संज्ञा या सर्वनाम की संख्या संबंधी विशेषता बताई जाए उन्हें संख्यावाचक विशेषण कहते हैं। जैसे पाँच लड़के मैदान में खेल रहे हैं कुछ लड़के खेल देख रहे हैं।

इसमें पाँच निश्चित संख्या तथा कुछ अनिश्चित संख्या का बोध कराते हैं। इसके दो भेद हैं।

1. निश्चित संख्यावाचक

जिन विशेषण शब्दों से निश्चित संख्या का बोध हो, जैसे दस, एक दर्जन, सौ आदि।

इसके पाँच भेद हैं।

(क) गणनावाचक–वस्तुओं या प्राणियों की गणना का ज्ञान होता है पाँच लड़के, चार पैंसिल आदि।

(ख) क्रमवाचक–क्रम की सूचना देने वाले विशेषण शब्द–चौथी कक्षा, पाँचवी दुकान आदि।

(ग) आवृत्तिवाचक–गुण का बोध कराने वाले विशेषण इकहरा बदन, दुगुना वजन।

(घ) समुदायवाचक–जहाँ सामुहिक संख्या का बोध हो जैसे पाँचों भाई, चारों मित्रों।

(ङ) प्रत्येक सूचक–प्रत्येक व्यक्ति अथवा वस्तु के द्योतक जैसे हर व्यक्ति, प्रत्येक कार आदि।

2. अनिश्चयवाचक

जिन विशेषणों से संज्ञा अथवा सर्वनाम की अनिश्चित संख्या का बोध होता है वे अनिश्चय संख्यावाचक विशेषण कहलाते हैं। जैसे कुछ आदमी, बहुत लड़के, थोड़े से रूपए आदि।

4. सार्वजनिक/संकेतवाचक विशेषण

वे विशेषण शब्द जो संज्ञा शब्द की ओर संकेतक माध्यम से विशेषता प्रकट करते हैं संकेतवाचक विशेषण कहलाते हैं। चूँकि ये सर्वनाम शब्द होते हैं और विशेषण की तरह प्रयुक्त होते हैं इसलिए इन्हें सार्वनामिक विशेषण भी कहते हैं।

यदि इन शब्दों का प्रयोग संज्ञा या सर्वनाम शब्द से पहले हो तो सार्वनामिक विशेषण कहलाते हैं जैसे उस देवी को मैं आज भी याद करता हूँ।

5. व्यक्तिवाचक विशेषण

वे विशेषण जो व्यक्तिवाचक संज्ञाओं से बनकर अन्य संज्ञा या सर्वनाम की विशेषता बतलाते हैं उन्हें व्यक्तिवाचक विशेषण कहते हैं।

जैसे भारतीय सैनिक, बीकानेरी भुजिया, जयपुरी रजाई आदि।

विशेषणों की तीन अवस्थाएं होती हैं।

1. मूलावस्था
2. उत्तरावस्था
3. उत्तमावस्था

1. मूलावस्था- जब किसी वस्तु में गुण सामान्य रूप से पाया जाता है तो उसे मूलावस्था कहते हैं जैसे रमेश सरल है, कठोर-सुंदर, सरल-प्रिय आदि।

2. उत्तरावस्था- जब दो वस्तुओं के एक ही गुण की तुलना करते हुए एक को बेहतर बताया जाता है उसे उत्तरावस्था कहते हैं जैसे कठोरतर, सरलतर।

3. उत्तमावस्था- जब दो से अधिक वस्तुओं के एक ही गुण की तुलना करते हुए एक को सर्वश्रेष्ठ घोषित किया जाए उसे उत्तमावस्था कहते हैं जैसे सरलतम, कठोरतम आदि।

क्रिया

जिन शब्दों से किसी कार्य के होने या किए जाने का किसी व्यक्ति की स्थिति का या किसी घटना के घटित होने का बोध होता है उन्हें क्रिया कहते हैं।

- कोई भी वाक्य क्रिया के बिना पूर्ण नहीं होता।
- क्रिया शब्द विकारी होते हैं इसलिए लिंग वचन और कारक कारण इनका रूप परिवर्तित होता है।

  जैसे राधा खेल रही है, संजीव खेल रहा है। लिंग के आधार पर परिवर्तित आदि

- कभी वाक्य में क्रिया एक शब्द की होती है तो कभी-कभी एक से अधिक शब्दों की – अनुपम अस्पताल गया। (एक शब्द की क्रिया)

  अनुपम अस्पताल जा रहा है, (अनेक शब्दों की क्रिया)

- वाक्य में यदि कर्ता विभक्ति-चिह्न के बिना हो तो क्रिया कर्ता के अनुसार होती है।

  कर्ता   **क्रिया**

  वह (पुल्लिंग एकवचन) खेलता है।

  वे (स्त्रीलिंग बहुवचन) खेलती हैं।

- कर्ता के साथ परसर्ग का प्रयोग हो तो क्रिया कर्म के अनुसार होती है। जैसे रानी ने पुस्तक खरीदी।

  क्रिया के साधारण रूपों के अंत में ना लगा रहता है जैसे- आना, जाना, पाना, खोना, खेलना, कूदना आदि साधारण रूपों के अंत का ना निकाल देने से जो बाकी बचे उसे क्रिया की धातु कहते हैं। जैसे आना, जाना, पाना क्रियाओं में आ, जा, पा धातुएं हैं।

धातु के भेद

धातु के दो भेद होते हैं

1. मूल धातु
2. यौगिक धातु

1. मूल धातु

यह स्वतंत्र होती है तथा किसी अन्य शब्द पर निर्भर नहीं होती है, उदाहरण जा, खा, पी, रह आदि।

2. यौगिक धातु

यौगिक धातु मूल धातु में प्रत्यय लगाकर कई धातुओं को संयुक्त करके अथवा संज्ञा और विशेषण में प्रत्यय लगाकर बनाई जाती है।

उदाहरण– उठाना, उठवाना, करना, करवाना आदि।

(क) प्रेरणार्थक क्रिया

ये क्रियाएं अकर्मक और सकर्मक दोनों क्रियाओं से बनती हैं। आना/लाना जोड़ने से प्रथम प्रेरणार्थक एवं वाना जोड़ने से द्वितीय प्रेरणार्थक रूप बनते हैं।

- उठ+ना–उठना, उठवाना।
- दे+ना–दिलाना, दिलवाना।
- सो+ना–सुलाना, सुलवाना।

(ख) यौगिक क्रिया

दो या दो से अधिक धातुओं के प्रयोग से यौगिक क्रिया बनती हैं। जैसे रोना-धोना, उठ-जाना, खेलना-कूदना आदि।

(ग) नाम धातु

संज्ञा या विशेषण से बनने वाली धातु को नाम धातु क्रिया कहते हैं जैसे- गरियाना, बतियाना।

क्रिया के भेद

कर्म के अनुसार या रचना की दृष्टि से क्रिया के दो भेद हैं।

रचना की दृष्टि से क्रिया के भेद–

1. अकर्मक क्रिया
2. सकर्मक क्रिया
- अन्य- द्विकर्मक क्रिया

1. अकर्मक क्रिया

वाक्य में जो क्रिया कर्म की अपेक्षा नहीं रखती, अकर्मक क्रिया कहलाती है। जैसे- दौड़ना, भागना, रोना, हंसना आदि अकर्मक क्रियाएं हैं।

वाक्य में आयी क्रिया के साथ 'क्या' प्रश्न करके देखिए यदि ऐसा करने पर उत्तर प्राप्त नहीं हो रहा तो वह अकर्मक क्रिया है।

जैसे अनमोल हंसता है। क्या हंसता है–अकर्मक क्रिया।

2. सकर्मक क्रिया

जिन क्रियाओं का असर कर्ता पर नहीं कर्म पर पड़तसा है वह सकर्मक क्रिया कहलाती है। इन क्रियाओं में कर्म का होना आवश्यक होता है।

जैसे रमेश लेख लिखता है।   सुरेश दवाई खाता है। आदि

सकर्मक क्रिया दो प्रकार की होती हैं।

(क) एककर्मक– जैसा कि नाम से ही स्पष्ट होता है कि जिन सकर्मक क्रियाओं में एक कर्म होता है एककर्मक क्रियाएं कहलाती हैं। जैसे– मैं कविता लिखता हूँ।

(ख) द्विकर्मक– वे सकर्मक क्रियाएं जिसमें दो कर्म होते हैं द्विकर्मक क्रियाएं कहलाती हैं जैसे अध्यापक <u>बच्चों</u> को कविता पढ़ाते हैं।

रचना के आधार पर क्रिया के भेद–

1. रूढ

2. यौगिक

1. रूढ क्रिया

जिस क्रिया की रचना धातु से होती है उसे रूढ कहते हैं जैसे–लिखना, पढ़ना, खाना, पीना आदि।

2. यौगिक क्रिया

जिस क्रिया की रचना एक से अधिक तत्वों से होती है उसे यौगिक क्रिया कहते हैं, जैसे लिखवाना, बड़बड़ाना आदि।

यौगिक क्रिया के भेद–

(क) सामान्य क्रिया-जब वाक्य में केवल एक ही क्रिया का प्रयोग हो तो उसे सामान्य क्रिया कहते हैं जैसे वह खेला, वह सोया आदि।

(ख) संयुक्त क्रिया-जहाँ मुख्य क्रिया सहायक क्रियाओं के साथ मिलकर प्रयुक्त होती है जैसे मैं पढ़ता हूँ।

(ग) नामधातु क्रिया-जो क्रियाएं संज्ञा, सर्वनाम, विशेषण आदि से बनती हैं उन्हें नामधातु क्रियाएं कहते हैं। जैसे–फिल्म में यह गाना बहुत अच्छा <u>फिल्माया</u> गया है।

 व्यावहारिक एवं प्रशासनिक हिंदी

(घ) प्रेरणार्थक क्रिया-जहाँ कर्ता स्वयं कार्य न करके किसी दूसरे को कार्य करने के लिए प्रेरित करता है उसे प्रेरणार्थक क्रिया कहते हैं जैसे राधिका नौकरानी से कपड़े धुलवाती है।

इस क्रिया में दो कर्ता होते हैं।
(अ) प्रेरणा देने वाला प्रेरक कर्ता।
(ब) प्रेरणा पाकर काम करने वाला प्रेरित कर्ता।
(ङ) पूर्णकालिक क्रिया-मुख्य क्रिया से पहले होने वाली क्रिया पूणकालिक क्रिया कहलाती है। वाक्य में जिस क्रिया का पूरा होना वाक्य की मुख्य क्रिया के पूरे होने से पूर्व पाया जाता है। धातु के साथ कर लगाया जाता है। जैसे- काम पूरा कर भोजन करूँगा।

प्रयोग के आधार पर क्रिया के भेद

1. अकर्मक क्रिया-जिस क्रिया से सूचित होने वाला व्यापार कर्ता करे और उसका फल भी कर्ता पर ही पड़े उसे अकर्मक क्रिया कहते हैं। जैसे- राम खाता है, गीता गाती है, श्याम हंसता है आदि।

2. अपूर्ण सकर्मक क्रिया-जिस क्रिया के पूर्ण अर्थ का बोध कराने के लिए कर्ता के अतिरिक्त अन्य संज्ञा या विशेषण की आवश्यकता पड़ती है उसे अपूर्ण सकर्मक क्रिया कहते हैं, अपूर्ण सकर्मक क्रिया का अर्थ पूर्ण करने के लिए संज्ञा या विशेषण को जोड़ा जाता है उसे पूर्ति कहते हैं। जैसे- गांधी कहलाए।
इसमें कहलाए अपूर्ण अकर्मक क्रिया का अर्थ महात्मा शब्द द्वारा स्पष्ट होता है। इसमें कहलाए अपूर्ण सकर्मक क्रिया और महात्मा शब्द पूर्ति है।

3. सकर्मक क्रिया-जिस क्रिया से सूचित होने वाले व्यापार व फल कर्ता पर न पड़कर कर्म पर पड़े उसे सकर्मक क्रिया कहते हैं। जैसे-श्याम पुस्तक पढ़ता है।

4. अपूर्ण अकर्मक क्रिया-जिस अकर्मक क्रिया का पूरा आशय स्पष्ट करने के लिए वाक्य में कर्म के साथ अन्य संज्ञा या विशेषण का पूर्ति के रूप में प्रयोग होते हैं उसे अपूर्ण अकर्मक क्रिया कहते हैं चाणक्य कर्म है और मंत्री शब्द कर्म-पूर्ति हैं।

5. द्विकर्मक क्रिया-जिस सकर्मक क्रिया का अर्थ स्पष्ट करने के लिए वाक्य में दो कर्म प्रयुक्त होते हैं उसे द्विकर्मक क्रिया कहते हैं।

जैसे शिक्षण ने विद्यार्थी को पुस्तक दी।

इस वाक्य में दी क्रिया के व्यापार का फल दो कर्मों पुस्तक और विद्यार्थी पर पड़ता है इसलिए 'दी' द्विकर्मक क्रिया है। इसमें पुस्तक मुख्य कर्म और विद्यार्थी गौण कर्म है। द्विकर्मक क्रिया के साथ प्रयुक्त होने वाले दोनों कर्मों में से मुख्य कर्म किसी पदार्थ का तो गौण कर्म किसी प्राणी का बोध कराता है जैसे मालिक नौकर को पैसे देता है।

कारक

संज्ञा या सर्वनाम के जिस रूप से, क्रिया तथा वाक्य के दूसरे शब्दों के संबंध का पता चलता है उसे कारक कहते हैं।

संज्ञा का क्रिया के साथ कई प्रकार से संबंध होता है इस प्रकार से कारक के निम्नलिखित भेद हैं।

क्र.सं.	कारक	कारक चिह्न
1.	कर्ता कारक	ने
2.	कर्म कारक	को
3.	करण कारक	से, के साथ, के द्वारा
4.	संप्रदान कारक	को
5.	अपादान कारक	से
6.	संबंध कारक	का, के, की
7.	अधिकरण कारक	में, पर
8.	संबोधन कारक	हे, अरे! ओह।

भाषा के लिखने एवं लिंग एवं वचन को कारक प्रभावित करते हैं। कारकों के प्रयोग होने पर वाक्य के लिंग एवं वचन प्रभावित हो जाते हैं।

कारक "ने"

मैंने खाना खा लिया।

"ने" का प्रयोग "चुक" के साथ नहीं किया जाता

मैं खाना खा चुका हूँ।

भविष्य काल में ने का प्रयोग नहीं किया जाता जैसे

मैंने खाना खाऊँगा। (यह प्रयोग नहीं किया जाता।)

कारक का, के, की

ये कारक संबंध बताने के लिए प्रयोग किए जाते हैं।

का, के, की का प्रयोग कर्म (Object) के अनुसार किया जाता है, कर्ता (Subject) के अनुसार नहीं।

राम (Subject) की बेटी (Object)

सीता (Subject) का बेटा (Object)

राधा (Subject) के पिताजी (Object)

अत: का, के, की, के बाद आने वाले शब्द के आधार पर लिंग चयन होता है। "का" के पश्चात सदैव पुरुष एकवचन (Object) का प्रयोग होगा।

"की" के पश्चात हमेशा स्त्रीवाचक Object का प्रयोग होगा।

"के" के पश्चात पुरुषवाचक, बहुवचन, आदरसूचक Object का प्रयोग होगा। का, के, की का निर्धारण कभी भी कर्ता के लिंग से नहीं होता बल्कि कर्म के लिंग से निर्धारित होता है।

इसी प्रकार

मैं + का = मेरा Masculine Singular

मैं + के = मेरे Masculine Plural & Respected

मैं + की = मेरी Feminine Singular Plural & Respected

मेरा, मेरे, मेरी का प्रयोग कभी कर्ता के अनुसार नहीं अपितु Object के आधार पर होता है।

मेरा– भाई, बेटा, नाम, सामान, घर।

मेरे– बच्चे, पिताजी, कागज।

मेरी– फाइल, साड़ी, बहन।

इसमें वक्ता को ध्यान में नहीं रखा जाता, लिंग का आधार किस की बात की जा रही है उस पर ध्यान रखा जाता है।

(क) कारक शब्द हिंदी भाषा की वाक्य संरचना में लिंग के निर्धारण में बहुत महत्त्वपूर्ण कार्य करते हैं।

जैसे

1. राम खाना खाता है।

2. सीता खाना खाती है।

3. पिताजी खाना खाते हैं।

व्यावहारिक एवं प्रशासनिक हिंदी

उपरोक्त प्रथम वाक्य में राम क्योंकि पुरुष है इसलिए क्रिया का लिंग कर्ता के आधार पर ही रहेगा।

दूसरे वाक्य में सीता क्योंकि स्त्री है इसलिए क्रिया का लिंग सीता के आधार पर स्त्रीलिंग रहेगा अर्थात (खाती) है।

तीसरे वाक्य में पिताजी पुरुष वाचक हैं लेकिन आदरणीय हैं इसलिए क्रिया पुरुषवाचक (बहुवचन) प्रयोग हुआ है। जैसे-खाते हैं।

(ख) जिन वाक्यों में कारक का प्रयोग होता है उसमें क्रिया, विशेषण आदि के लिंग का निर्धारण अलग तरह से किया जाता है।

जैसे

1. राम ने रोटी खाई।
2. सीता ने खाना खाया।
3. पिताजी ने सब्जी खाई।

उपरोक्त तीनों वाक्यों में लिंग का निर्धारण संज्ञा से नहीं हो रहा अपितु कर्म से हो रहा है। हिंदी की यह विशेषता है कि इसमें क्रिया के लिंग का निर्धारण अलग-अलग तरह से होता है।

राम चूँकि पुरुष है लेकिन रोटी स्त्री लिंग होने के कारण क्रिया स्त्रीलिंग हो गई। दूसरे वाक्य में सीता चूंकि स्त्री है लेकिन खाना पुरुषवाचक होने के कारण क्रिया पुरुषवाचक हो गई।

तीसरे वाक्य में पिता जी चूंकि पुरुषवाचक हैं लेकिन सब्जी स्त्रीवाचक होने के कारण क्रिया स्त्रीलिंग (खाई) हो गई।

उपरोक्त तीनों वाक्यों में कारक "ने" का प्रयोग किया गया है, जब किसी वाक्य में किसी कारक का प्रयोग होता है तब कारक जिस शब्द के पीछे लगता है तब उससे आगे वाले शब्द से वाक्य में क्रिया का लिंग निर्धारण नहीं किया जा सकता। इस तरह के वाक्यों में उसके पीछे अगले शब्द की विषय वस्तु क्रिया के लिंग का निर्धारण करती है जैसे उपरोक्त वाक्य में राम, सीता और पिताजी से क्रिया का लिंग निर्धारित नहीं हुआ क्योंकि उनके पीछे 'ने' कारक का प्रयोग हुआ है, इन वाक्यों में रोटी, खाना, सब्जी शब्द क्रिया के लिंग निर्धारण के लिए उत्तरदायी है।

हिंदी के वाक्य में जब भी किसी शब्द के पीछे कारक का प्रयोग होता है तब वह लिंग निर्धारण नहीं कर सकता जैसे

राम ने सब्जी के साथ पूड़ी खाई।

राम ने सब्जी के साथ खाना खाया।

राम ने सब्जी के साथ चावल खाए।

अत: यह स्पष्ट है कि जब भी किसी शब्द के पीछे कारक का प्रयोग किया जाता है वह क्रिया का लिंग निर्धारण नहीं कर सकता।

जब किसी वाक्य में सभी शब्दों के बाद कारक का प्रयोग हो तो क्रिया पुरुषवाचक एकवचन का प्रयोग किया जाता है जैसे:–

राम ने रावण को बाण से मारा।

सीता ने रोटी के साथ सब्जी को खाया।

रमा ने बच्चे को पलंग पर सुलाया।

उपरोक्त वाक्यों में जब कर्ता, कर्म आदि सभी शब्दों के पीछे कारक का प्रयोग होता है तब क्रिया सदैव पुरुषवाचक एकवचन होती है।

मेरा, मेरे, मेरी मेरा

मेरा — M,Singular

मेरे — M-P or Respect

मेरी — FSingular, P, or Respect

कभी-कभी मेरे का प्रयोग एकवचन के लिए भी किया जाता है। जैसे

1. मेरा घर बहुत बड़ा है।
2. मेरा भाई अमेरिका में रहता है।
3. मेरा कार्यालय दिल्ली में है।

लेकिन कभी-कभी ऐसा भी प्रयुक्त होता है।

1. आप मेरे घर आइए।
2. मेरे भाई का नाम रमेश है।
3. मेरे कार्यालय में 100 कर्मी कार्यरत है।

पहले वाले तीन वाक्यों में मेरा का प्रयोग किया गया है लेकिन दूसरी बार वही उसी व्यक्ति, वस्तु या स्थान के बारे में बताने पर मेरा के स्थान पर मेरे का प्रयोग किया गया है।

दूसरे वाक्य में यदि मेरा का प्रयोग करें तो वह गलत होगा। इसका कारण है:–

यदि वाक्य में "आ" की मात्रा वाले शब्द के बाद कारक का प्रयोग किया जाता है तब "आ" मात्रा वाला शब्द कारक के प्रभाव से ए मात्रा का बन जाता है

जैसे

मेरा भाई है।

मेरे भाई की शादी है।

मेरे भाई से पूछ लो।

मेरे भाई का नाम रमेश है।

उक्त सभी वाक्यों में भाई शब्द के बाद कारक का प्रयोग होने के कारण मेरा के स्थान पर मेरे का प्रयोग हुआ है।

इसी प्रकार "आ" की मात्रा वाले सभी शब्द "ए" मात्रा में बदल जाते है तथा "ए" मात्रा वाले शब्द "ओ" मात्रा में बदल जाते हैं।

जैसे

1. अधिकारी का दौरा कार्यक्रम प्रस्तुत करें।

   अधिकारी दौरे पर गए हैं।

उपरोक्त वाक्य में "पर" का प्रयोग होने के कारण आ मात्रा "दौरा" शब्द ए मात्रा दौरे हो गया।

इसी प्रकार –

2. बच्चा खेल रहा है।

   बच्चे को बुलाओ।

   "को" के कारण बच्चा के स्थान पर बच्चे का प्रयोग किया गया।

इसी प्रकार –

आप का नाम क्या है?

आपके नाम का अर्थ क्या है?

यहाँ भी "का" के स्थान पर के का प्रयोग होगा क्योंकि नाम के पीछे "का" कारक का प्रयोग हुआ है।

इसी प्रकार

आगरा का पेठा को प्राय: आगरे का पेठा कह दिया जाता है। लेकिन संज्ञा शब्दों में "आ" मात्रा के स्थान पर "ए" मात्रा का प्रयोग नहीं किया जाना चाहिए सरला को सरले तथा गीता को गीते नहीं करना चाहिए।

"ए" मात्रा के शब्दों के पीछे जब कारक का प्रयोग होता है तब "ए" मात्रा मात्रा में बदल जाती है जैसे

1. लड़के खेल रहे हैं।

लड़कों <u>को</u> बुलाओ।

2. कमरे खुले हैं।

कमरो <u>को</u> बंद कर दो।

3. बच्चे इधर-उधर घूम रहे हैं।

बच्चों से उनके नाम पूछो।

यह इस, वह उस का प्रयोग

यह	इस
वह	**उस**
ये	**इन**
वे	**उन**

उक्त सभी शब्द, सर्वनाम है लेकिन किसी वाक्य में यह, तो कभी इस का प्रयोग किया जाता है जैसे

1. यह कलम है।

इस कलम का रंग

2. वह कौन जा रहा है?

उस को बुलाओ?

3. ये कहाँ रहते हैं?

इन से इनका पता पूछ लें।

उपरोक्त सभी वाक्यों में पहले वाक्यों में कारक का प्रयोग नहीं हुआ है इसलिए यह, वह, ये प्रयुक्त हुए हैं।

जिन वाक्यों में, वह, यह, ये वे, के पीछे कारक का प्रयोग होता है तब वह के स्थान पर उस, ये के स्थान पर इन, यह के स्थान पर इस तथा वे के स्थान पर उन सर्वनाम का प्रयोग किया जाता है।

 व्यावहारिक एवं प्रशासनिक हिंदी

लिंग

हिंदी भाषा विश्व की उन गिनी चुनी भाषाओं में हैं जिसमें केवल दो लिंग का ही प्रयोग किया जाता है, स्त्रीलिंग और पुल्लिंग। यही हिंदी की बड़ी विशेषता भी है। अन्य भारतीय भाषाओं में नपुंसकलिंग का प्रयोग किया जाता है जिसके कारण निर्जीव वस्तुओं के लिंग को जानने की आवश्यकता नहीं होती लेकिन हिंदी में सभी वस्तुएं चाहे जीव हों या निर्जीव सभी को लिंग बद्ध किया गया है, यही हिंदी की विशिष्ट विशेषता भी है कि सभी वस्तुओं का लिंग बद्ध किया जाना। हिंदी भाषा-भाषियों की हिंदी के लिंगों को जानने की आवश्यकता नहीं पड़ती उन्हें सहज ही वातावरण से प्राप्त हो जाती है लेकिन गैर हिंदी भाषा-भाषियों को हिंदी को बोलने में कठिनाई दो लिंगों के कारण ही होती है यह पाठ अहिंदी भाषियों की लिंग भेद की कठिनाइयों का दूर करने के प्रयोजन से बनाया गया है।

हिंदी में केवल दो ही लिंग हैं
1. स्त्रीलिंग
2. पुल्लिंग

हिंदी में सभी जीव एवं निर्जीव वस्तुओं को दो ही श्रेणियों में विभाजित किया गया है।

हिंदी में ई कारांत वाले अधिकांश शब्द स्त्रीलिंग होते हैं। जैसे
खिड़की, चाबी, दवाई, मिठाई, लड़ाई, पिटाई, सब्जी।

लेकिन हिंदी में पदनाम पुल्लिंग होते हैं चाहे वे ईकारांत ही क्यों न हो जैसे अधिकारी, कर्मचारी, राष्ट्रपति, प्रधानमंत्री, संत्री, आदि।

रंगों के नाम पुल्लिंग होते हैं चाहे वे ईकारांत हो अथवा नहीं
पीला, गुलाबी, जामुनी, नीला आदि।

पर्वतों के नाम पुल्लिंग होते हैं
हिमालय आदि।

लेकिन पर्वतों की चोटियों के नाम स्त्रीलिंग होते हैं
जैसे एवरेस्ट, K-2, कंचनजंगा आदि।

समुद्र के नाम पुल्लिंग होते हैं
जैसे हिंद महासागर, अरब सागर, प्रशांत महासागर आदि।

नदियों के नाम स्त्रीलिंग होते हैं जैसे
गंगा, यमुना, नर्मदा, गोदावरी आदि।

इलैक्ट्रानिक वस्तुएं अधिकांश पुल्लिंग होती हैं जैसे
टी.वी., फ्रिज, माइक्रोवेव, कैमरा, मोबाइल, कंप्यूटर आदि।

हट एवं वट से अंत होने वाले शब्द स्त्रीलिंग होते है जैसे
मुस्कुराहट, कड़वाहट, रूकावट, आहत आदि।

सब्जी क्योंकि ईकारंत शब्द है इसलिए सब्जी खरीदी।
फल क्योंकि ई कारंत शब्द नहीं है इसलिए फल खरीदे।

लेकिन जब एक-एक सब्जी या फल का नाम लिया जाता है तब ईकारांत
पर ध्यान दिया जाता है जैसे:–

आलू M   (खरीदा)
गोभी F   (खरीदी)
बैंगन M   (खरीदा)
प्याज M   (खरीदा)
मेथी F   (खरीदी)

इसी प्रकार फल

आम M   (खरीदा)
लीची F   (खरीदी)
पपीता M   (खरीदा)
चेरी F   (खरीदी)

उत्सव भी इसी प्रकार विभाजित किए जाते हैं:–

जैसे उत्सव मनाए जाते हैं

लेकिन जब एक-एक उत्सव की बात की जाती है तो ईकारांत का ध्यान रखा जाता है। जैसे:–

दिवाली F	मनाई जाती है।	
दशहरा M	मनाया जाता है।	
रामनवमी F	मनाई जाती है।	
शिवरात्रि F	मनाई जाती है।	
ओणम M	मनाया जाता है।	
पोंगल M	मनाया जाता है।	
क्रिसमस M	मनाया जाता है।	
जन्माष्टमी F	मनाई जाती है।	

दूध, पानी और रस को छोड़ कर सभी पेय पदार्थ स्त्रीलिंग है।

दूध, पानी और रस पुल्लिंग है।

चाय, कॉफी, लस्सी, कैम्पा, शराब, सिगरेट स्त्रीलिंग है।

जहाँ कुछ चीजे जोड़ो [pair] में प्रयोग होती है उसमें बड़ी चीज Male तथा छोटी Female होती है।

जैसे कप प्लेट, ताला चाबी, पेन पैंसिल

कप M	प्लेट F
ताला M	चाबी F
पेन M	पैंसिल F

काल (Tense)

हिंदी भाषा में तीन काल का प्रयोग किया जाता हैं:–

वर्तमानकाल	(Present Tense)
भूतकाल	(Past Tense)
भविष्य काल	(Future Tense)

वर्तमान काल

जब कोई कार्य उसी समय किया जा रहा होता है तब वह वर्तमान काल कहलाता है। वर्तमान काल में है, हूँ तथा हो का प्रयोग किया जाता है जैसे:–

मैं M अध्यापक हूँ।

मैं F अध्यापिका हूँ।

मैं चाहे स्त्रीलिंग हो या पुल्लिंग हो "हूँ" का प्रयोग किया जाता है।

"तुम" का जब प्रयोग किया जाता है तब क्रिया के रूप में "हो" का प्रयोग होता है।

जैसे:–

तुम	M	कैसे हो?
तुम	M	कहाँ रहते हो?
तुम	F	कहाँ पढ़ती हो?
तुम	F	दफ्तर कैसे जाती हो?

तुम चाहे स्त्रीलिंग हो या पुल्लिंग क्रिया "हो" का ही प्रयोग किया जाता है।

जब "आप" का प्रयोग किया जाता है तब क्रिया के रूप में "हैं" का प्रयोग किया जाता है। जैसे:–

आप M		कहाँ रहते हैं?
आप F		कहाँ पढ़ती हैं?
आप M		किस पद पर काम करते हैं?
आप F		बाजार जाती हैं?

व्यावहारिक एवं प्रशासनिक हिंदी

वे M   मंदिर जाते हैं।

जब नाम का प्रयोग किया जाता है तब "है" का प्रयोग किया जाता है।

रमेश कॉलेज में पढ़ता है।

सीता कॉलेज में पढ़ाती है।

वह F   दिन भर काम करती है।

वह M   खाना बनाती है।

सामान्य वर्तमान काल

क्रिया का वह रूप जो वर्तमान काल में होना पाया जाता है।

नित्य वर्तमान काल   ता/ते/ती

पुरुष	एकवचन		बहुवचन	
	पु.	स्त्री.	पु.	स्त्री.
उत्तम	मैं जाता हूँ।	मैं जाती हूँ।	हम जाते हैं।	हम जाती हैं।
मध्यम	तुम जाते हो।	तुम जाती हो।	आप जाते हैं।	आप जाती हैं।
अन्य	वह जाता है।	वह जाती है।	वे जाते हैं।	वे जाती हैं।
	राम जाता है।	सीता जाती है।	श्री दास जाते हैं।	श्रीमती दास जाती हैं।
	पिताजी जाते हैं	माताजी जाती हैं।		

नोट:– हिंदी में किसी को आदर देने के लिए बहुवचन का प्रयोग किया जाता है।

नित्य वर्तमान काल निषेधात्मक

नोट:– निषेधात्मक वाक्यों में हूँ/हो/है/हैं का प्रयोग नहीं किया जाता। जैसे

पुरुष	एकवचन		बहुवचन	
	पु.	स्त्री.	पु.	स्त्री.
उत्तम	मैं नहीं जाता।	मैं नहीं जाती।	हम नहीं जाते।	हम नहीं जातीं।
मध्यम	तुम नहीं जातीं।	तुम जाती हो।	आप नहीं जाते।	आप नहीं जातीं।
अन्य	वह नहीं जाता।	वह नहीं जाती।	वे नहीं जाते।	वे नहीं जातीं।

तात्कालिक वर्तमान काल

क्रिया के जिस रूप में काम हो रहा होता है।

मैं जा रहा/रही हूँ   वह जा रहा/रही है   हम दौड़ रहे हैं

तुम जा रहे/रही हो।   आप जा रहे/रही हैं

पूर्ण वर्तमान काल

क्रिया के जिस रूप में वर्तमान काल में कार्यपूर्ण होने का बोध हो

वे बाजार गए है। सीता ने दूध पीया है।

तुम खाना खा चुके हो। तुम किताब पढ़ चुकी हो।

संदिग्ध वर्तमान काल

क्रिया का वह रूप कार्य के होने का संदेह प्रकट कर उसकी वर्तमानता में संदेह न हो

देखता होगा। जाता होगा।

सम्भाव वर्तमान काल

कार्य पूरा होने की सम्भावना हो

शायद वह आया हो। रमा ने गीत गाया हो।

भूतकाल

क्रिया के जिस रूप में कार्य की समाप्ति का बोध हो उसे भूतकाल कहते हैं।

सामान्य भूतकाल

जिसमें क्रिया के विशेष समय का ज्ञान न हो

वह सामान लाया। उसने फिल्म देखी। वह दिल्ली गया।

पूर्ण भूतकाल

पूर्ण भूतकाल काल की समाप्ति का बोध कार्य समाप्त होने का पता चले।
पिताजी कल दफ्तर गए थे। काफी समय हो गया था।

नोट:– वाक्य के अंत में था, थे, थी थीं का प्रयोग किया जाता है।

अपूर्ण भूतकाल

अपूर्ण भूतकाल कार्य हो रहा था लेकिन समाप्ति का बोध न हो

राधा गाना गा रही थी।
वे सिनेमा देख रहे थे।

हेतुमद भूत

हेतु हेतुमद भूत – काम, भूत काल में होने वाला था लेकिन किस कारण न हुआ
शायद वे आ जाते।   शायद वह परीक्षा में पास हो जाता।

भविष्य काल

क्रिया के जिस रूप में उसके आने वाले समय में काम होने का बोध हो

सामान्य भविष्य

काम के भविष्य में होने का बोध हो

रीता दिल्ली जाएगी।   वह घर जाएगा।

संभावना भविष्य

भविष्य में काम की संभावना हो

शायद रीता दिल्ली जाएगी। शायद उसने काम समाप्त कर लिया होगा

नोट:– संभाव्य भविष्य में मूल धातु में, ए, एँ तथा ओ जोड़ा जाता है। हिंदी में सुझाव, निदेश, आज्ञा, अनुमति, प्रार्थना, इच्छा, संभावना आदि के लिए संभाव्य भविष्य काल का प्रयोग करते हैं। इन वाक्यों में क्रिया कर्ता के वर्णन के अनुसार परिवर्तित होती है, लिंग के अनुसार नहीं।

उदाहरण	
मैं जा + ऊँ	जाऊँ
मैं खा + ऊँ	खाऊँ
आप जा + एँ	जाएँ
तुम जा + ओ	जाओ
वह जा + ए	जाए

नोट:– स्त्रीलिंग एवं पुल्लिंग दोनों रूपों में समान रहते हैं।

टिप्पणी

और

मसौदा लेखन

टिप्पणी

कार्यालय का प्रशासनिक कार्य सूचनाओं के आदान-प्रदान के माध्यम से होता है। यह सूचनाएं पत्रों आदि के माध्यम से आदान-प्रदान की जाती है। कार्यालय में जो पत्र आते हैं उन्हें आवती लिपिक द्वारा प्राप्त किए जाते हैं तथा उन पर कार्रवाई करवाने हेतु संबंधित अधिकरियों को दिखाए जाते हैं ताकि उन पर आवश्यक आदेश- अनुदेश प्राप्त किए जा सकें।

कार्यालय के सभी कार्य फाइल पर किए जाते हैं। फाइल के दो भाग होते हैं टिप्पणी और पत्राचार भाग। टिप्पणी भाग में किसी मामले या विचाराधीन कागज पत्रों के बारे में टिप्पणियाँ होती हैं। पत्राचार भाग में आवतियाँ तथा उनसे संबंधित पत्र-व्यवहार की कार्यालय प्रतियाँ रखी जाती हैं। संबंधित कर्मचारी फाइल के टिप्पणी भाग में प्राप्त पत्र आदि की क्रम संख्या तथा पृष्ठ संख्या (आवती/निर्गम) लाल स्याही से लिखता है। इस डाकिट करना कहते हैं।

टिप्पणी का अर्थ टिप्पणी भाग में संबंधित सहायक या अधिकारी द्वारा मामले के निपटान के लिए दिए गए उनके विचारों और सुझावों से हैं।

जहाँ संबंधित आवती के मामले से संबंधित दिशा-निर्देश स्पष्ट हो तो आवती के साथ उत्तर का मसौदा भी अनुमोदनार्थ प्रस्तुत किया जाता है, लेकिन जहाँ मार्गदर्शन अपेक्षित हो वहाँ सहायक अपनी टिप्पणी लिखकर अधिकारी के समक्ष प्रस्तुत करता है यदि अधिकारी को अपने से उच्च स्तर के अधिकारी के सुझाव, राय या मागदर्शन लेना होता है तो वह अपने सुझाव जोड़कर उच्च अधिकारी के समक्ष प्रस्तुत कर देता है, जो इस मामले में निर्णय लेने में सक्षम हों।

टिप्पणी का वर्गीकरण निम्नवत किया जा सकता है

नेमी टिप्पणी	स्वतः पूर्ण टिप्पणी	आवती पर आधारित टिप्पणी
(प्रशासनिक टिप्पणी)		(पाँच चरणों में लिखी जाती है)
आदेशात्मक व्याख्यात्मक	अधिकारी सहायक	विषय

स्तर स्तर   कारण

नियम

कार्यालय में कार्य की स्थिति

सुझाव

टिप्पणी दो स्तरों पर लिखी जाती है।

1. अधिकारी स्तर

2. सहायक स्तर

टिप्पणी लिखते समय निम्नलिखित बातों का ध्यान रखना चाहिए।

1. सभी तथ्य सही है।

2. कोई सूचना, आँकड़ा या तथ्य गलत हो तो संयत भाषा में ध्यानाकर्षण करना चाहिए।

3. पूर्व नियमों के दृष्टांत प्रस्तुत किए जाएं।

4. जिन मामलों पर निर्णय लिया जाना हो उनका स्पष्ट उल्लेख करें।

5. यदि किसी आदेश, कार्यालय ज्ञापन के अनुसार निर्णय लिया जा रहा हो तो उसकी प्रति भी पत्राचार भाग में लगा दी जाए।

6. यदि संभव हो तो मामले से संबंधित कार्रवाई पर सुझाव दे दिया जाना चाहिए।

टिप्पणी लेखन के मार्गदर्शक सिद्धांत

(क) टिप्पणी आदर्श नोट शीट पर लिखी जाए।

(ख) टिप्पणी संक्षिप्त तथा सारगर्भित होनी चाहिए।

(ग) मामले के सार संक्षिप्त रूप में प्रस्तुत करें जहाँ इसका औचित्य हो।

(घ) यदि किसी अधिकारी के मौखिक आदेश पर कार्रवाई की गई हो तो उसकी लिखित अनुमति बाद में अवश्य ले लेनी चाहिए।

(ङ) टिप्पणी पर राजपत्रित अधिकारी दाई ओर और अराजपत्रित अधिकारी बाई ओर हस्ताक्षर करते हैं।

टिप्पणी

(क) प्रशासनिक (नेमी) टिप्पणी –

इसे हाशिया टिप्पणी भी कहते हैं। यह केवल अधिकारी द्वारा दिए गए दिशा-निर्देश हैं जो एक या दो वाक्यों तक सीमित रहती है। ये आदेशात्मक एवं

सूचनापरख होती है। जैसे चर्चा करें, फाइल कर दें, देख लिया, बात करें आदि। इसका कोई प्रारूप नहीं होता यह आवती पर ही लिखी जाती हैं।

(ख) स्वतः पूर्ण टिप्पणी –

इसमें निहित सूचना अपने आप में पूर्ण होती है। यह किसी आवती पर आधारित न होकर परिस्थिति तथा आवश्यकता से उत्पन्न समस्या का हल करने के लिए होती है इसके लिए कोई आवती आदि की आवश्यकता नहीं होती अपनी प्रशासनिक आवश्यकताओं को पूर्ण करने के लिए कोई भी अधिकारी या सहायक अपने उच्च अधिकारी को स्वतः पूर्ण टिप्पणी भेज सकता है।

इसमें सर्वप्रथम कार्यालय, अनुभाग का नाम दिनांक तथा विषय का उल्लेख होता है।

इसके पश्चात टिप्पणी का कलेवर होता है।

दाई ओर भेजने वाला अधिकारी हस्ताक्षर करता है और बाई ओर उच्च अधिकारी का पदनाम लिखता है जिसे यह टिप्पणी भेजनी होती है।

टिप्पणी से सहमत होने पर संबंधित अधिकारी अपनी सहमति के साथ दाई ओर हस्ताक्षर कर देता है।

प्रारूप

फाइल सं.
........कार्यालय
.......अनुभाग
पता (स्थान)
दिनांक

विषय– ....

कलेवर

अनुमोदनार्थ प्रस्तुत

हस्ताक्षर
(क.ख.ग)
पदनाम

पदनाम (उस अधिकारी का जो इस पर कार्रवाई करेगा)

3. आवती पर आधारित टिप्पणी –

आवती पर आधारित टिप्पणी सहायक स्तर पर तैयार की जाती है। इसका मुख्य उद्देश्य अधिकारी के समक्ष आवती का विवरण देते हुए कार्यालय में की जाने वाली कार्रवाई को आवश्यकतानुसार संक्षेप में प्रस्तुत करना होता है।

<u>प्रारूप</u>

क्रम सं. .... (आवती) पृष्ठ .... पत्राचार
आवती का विषय क्या है?
उसका कारण
नियम
कार्यालय में कार्य की स्थिति
सुझाव
अनुमोदन/हस्ताक्षर/अवलोकन/संस्वीकृति के लिए प्रस्तुत
हस्ताक्षर
दिनांक
(पद नाम)
अधिकारी (अपने से उच्च अधिकारी को)

टिप्पणी की भाषा –

टिप्पणी की भाषा सरल और स्पष्ट होनी चाहिए। टिप्पणी में सुझावात्मक भाषा का प्रयोग किया जाना चाहिए। आदेशात्मक भाषा का नहीं। केवल अधिकारी जब निर्णय लेते हैं। तभी आदेशात्मक भाषा का प्रयोग कर सकते हैं। टिप्पणी में अभद्र भाषा का प्रयोग नहीं किया जाना चाहिए। संयत भाषा का प्रयोग किया जाता है।

टिप्पणी में गलती करने से बचना चाहिए, फ्लूड आदि नहीं लगना चाहिए। नोट शीट पर क्रम संख्या लिखी जानी चाहिए।

टिप्पणी अनुमोदन के पश्चात ही मसौदा बनाया जाता है।

मसौदा लेखन

टिप्पणी लिखने के पश्चात मामले पर कार्रवाई पूर्ण करने के लिए विभिन्न प्रकार के मसौदे बनाए जाते हैं। सरकारी पत्राचार में निम्नलिखित प्रारूप प्रयोग में आते हैं

सरकारी पत्र

अर्ध सरकारी पत्र

कार्यालय ज्ञापन

कार्यालय आदेश

आदेश

पृष्ठांकन

अंतर विभागीय टिप्पणी

अधिसूचना

संकल्प

अनुस्मारक

प्रेस विज्ञप्ति

प्रेस टिप्पणी/नोट

परिपत्र

सरकारी पत्र

सरकारी पत्राचार में सर्वाधिक प्रयोग में आने वाला प्रारूप सरकारी पत्र होता है, सरकारी पत्र का प्रयोग सामान्यत: सरकारी कार्यालय द्वारा सूचना लेने या देने के लिए होता है।

पत्र का प्रयोग निम्नलिखित स्थितियों में किया जा सकता है।
1. विदेशी सरकारों के साथ
2. राज्य सरकारों के साथ
3. संवैधानिक/सांविधिक/स्वायत्तशासी निकायों के साथ
4. सम्बद्ध तथा अधीनस्थ कार्यालयों के साथ
5. निजी संस्थानों के साथ
6. जनता के साथ

भाषा:-

सरकारी पत्र की भाषा शालीन एवं मर्यादित होती है भाषा सरल एवं स्पष्ट होनी चाहिए। पत्र में द्विअर्थी, अस्पष्ट तथा अनिश्चित अर्थ देने वाले शब्दों से बचना चाहिए। छोटे और सरल वाक्यों का प्रयोग किया जाना चाहिए इसकी भाषा आदेशात्मक/सुझावात्मक एवं कथनात्मक होती है।

<u>**प्रारूप**</u>

सं.

भारत सरकार
मंत्रालय
विभाग

स्थान (पता)
दिनांक

सेवा में

पदनाम,

........................,

........................,

........................,

विषय ....।

महोदया/महोदय,

मुझे यह कहने का निदेश हुआ है कि ....

....

भवदीय
हस्ताक्षर
(नाम)
(पदनाम)

प्रतिलिपि

1.

2.

हस्ताक्षर
नाम
पदनाम

अर्ध सरकारी पत्र

कार्यालयों में प्राय: समान स्तर के राजपत्रित अधिकारियों के बीच औपचारिकता से हटकर व्यक्तिगत स्तर पर लिखा जाने वाला पत्र अर्धसरकारी पत्र कहलाता है।

जब किसी अधिकारी का ध्यान किसी सरकारी मामले में आकर्षित करना होता है तब इसका प्रयोग किया जाता है।

- यह समान स्तर के अधिकारियों के बीच प्रयुक्त किया जाता है।
- इसे विशेष प्रकार के छपे हुए पैड पर लिखा जाता है।
- इसके मसौदे का स्वरूप व्यक्तिगत पत्र के समान होता है।
- इसमें संबोधन नाम से किया जाता है।
- इस पत्र में शुभकामना संदेश आदि भी दिए जा सकते हैं।

महिला अधिकारी अधोलेख में शुभेच्छु, भवनिष्ठा आदि शब्दों का प्रयोग कर सकती है।

भाषा –

इसकी भाषा मित्रतापूर्ण होती है।

इसमें आदेशात्मक भाषा का प्रयोग नहीं किया जाता।

इसमें आदर सूचक भाषा एवं शब्दों का प्रयोग किया जाता है।

कृपा करें, कृपया आदि शब्दों का प्रयोग किया जाता है।

<u>प्रारूप</u>

<table>
<tr><td>नाम</td><td>अ.सं.प.स.</td></tr>
<tr><td>पदनाम</td><td>भारत सरकार</td></tr>
<tr><td>दूरभाष सं.</td><td></td></tr>
<tr><td>......मंत्रालय</td><td>......विभाग</td></tr>
<tr><td></td><td>कार्यालय का पता</td></tr>
<tr><td></td><td>दिनांक</td></tr>
</table>

प्रिय/प्रिय   /

....

....

....

....

        सादर।

                    आपका

                    हस्ताक्षर

श्री ....

पदनाम

.... मंत्रालय

पता

कार्यालय ज्ञापन

विभागों/मंत्रालयों एवं कर्मचारियों को सूचना देने अथवा सूचना मांगने के लिए तथा संबद्ध तथा अधीनस्थ कार्यालयों के साथ पत्र व्यवहार करने के लिए कार्यालय ज्ञापन का प्रयोग किया जाता है, विभाग में काम करने वाले कर्मचारियों से सूचना मांगने या उन्हें सूचना भेजने के लिए कार्यालय ज्ञापन का प्रयोग किया जाता है।

नोट:—

पत्र का प्रयोग दो मंत्रालयों के बीच नहीं किया जाता इस लिए अन्य मंत्रालयों/विभागों से पत्र – व्यवहार करने के लिए कार्यालय – ज्ञापन का प्रयोग किया जाता है।

भाषा:—

कार्यालय – ज्ञापन अन्य पुरुष में लिखा जाता है। इसकी भाषा पत्र के समान आदेशात्मक नहीं होती है और न ही अर्ध सरकारी पत्र की तरह मित्रतापूर्ण। इसकी भाषा में अनुरोध वाले शब्दों का प्रयोग किया जा सकता है।

<u>प्रारूप</u>

सं.

भारत सरकार

...... मंत्रालय

...... विभाग

स्थान

दिनांक

कार्यालय – ज्ञापन

विषय –

कलेवर

....

2......................

3........................

हस्ताक्षर

(क.ख.ग)

(अवर सचिव, भारत सरकार)

सेवा में,

1. सभी मंत्रालय भारत सरकार

कार्यालय–आदेश

कार्यालय आदेश में वित्त एवं अनुशासनिक मामलों को छोड़ कर सभी आंतरिक प्रशासनिक संबंधी आदेश, अनुदेश जारी किए जाते हैं।

2. इसके अंतर्गत काम का वितरण, नए अनुभाग का गठन, स्थानांतरण, छुट्टी (आकस्मिक एवं प्रतिबंधित छुट्टी को छोड़कर) तैनाती आदि सभी आंतरिक प्रशासनिक मामलों में कार्यालय आदेश का प्रयोग किया जाता है।
इससे स्पष्टीकरण नहीं माँगा जा सकता।

भाषा:–

- इसकी भाषा आदेशात्मक होती है।
- इसे अन्य पुरुष में लिखा जाता है।
- सूचनापरक भाषा का प्रयोग किया जाता है।

<u>**प्रारूप**</u>

सं.

भारत सरकार

...... मंत्रालय

..... विभाग

स्थान
दिनांक

कार्यालय – आदेश

कलेवर

हस्ताक्षर
(क.ख.ग)
पदनाम

प्रतिलिपि

1.

2.

3. कार्यालय आदेश रजिस्टर

आदेश

आदेश का प्रयोग कार्यालयों में वित्तीय मंजूरियाँ एवं अनुशासनिक मामलों से संबंधित कर्मचारियों को सरकारी आदेशों की सूचना देने के लिए किया जाता है।

आदेश का प्रयोग सामान्यतः नये पदों के सृजन की संस्वीकृति, वित्तीय मंजूरी, विभागीय अनुशासनिक कार्रवाई से संबंधित कार्मिक से स्पष्टीकरण तथा शक्तियों के प्रत्यायोजन के लिए किया जाता है।

भाषा:—

आदेश की भाषा कार्यालयीन भाषा की विशेषताओं के साथ-साथ इसकी वाक्य रचना अन्य पुरुष में होती है। इसमें आदेशात्मक वाक्य सांचों का प्रयोग किया जाता है।

जैसे आदेश दिया जाता है। सूचित किया जाता है, की जाए आदि।

प्रारूप

सं.

भारत सरकार

..... मंत्रालय

..... विभाग

स्थान

दिनांक

आदेश

कलेवर

हस्ताक्षर

(नाम)

पदनाम

सेवा में,

    संबंधित कार्मिक

प्रतिलिपि :

अंतरविभागीय टिप्पणी

अंतरविभागीय टिप्पणी पत्राचार का एक माध्यम है। इसका प्रयोग दो मंत्रालयों या संबद्ध तथा अधीनस्थ कार्यालयों के बीच किया जाता है। जब भारत सरकार के वर्तमान नियमों, अनुदेशों आदि के बारे में स्पष्टीकरण या कोई कागज पत्र प्राप्त करने होते हैं अथवा विशेषज्ञों या सक्षम अधिकारियों से किसी विषय पर सुझाव, सहमति, सम्मति, स्पष्टीकरण आदि प्राप्त करने होते हैं तब अंतरविभागीय टिप्पणी का प्रयोग किया जाता है।

अंतरविभागीय टिप्पणी दो प्रकार से भेजी जा सकती है।

1. मिसिल पर ही टिप्पणी लिखकर किसी मंत्रालय/विभाग को भेजना।

2. स्वत: पूर्ण टिप्पणी बनाकर

भाषा:-

यह कार्यालयीन विशेषताओं के साथ-साथ अन्य पुरुष में लिखी जाती है।

इसमें आदेशात्मक/आज्ञात्मक भाषा का प्रयोग नहीं किया जाता। इसमें अनुरोध है, निवेदन है, कृपया स्पष्ट करें, कृपा करें आदि वाक्य संरचना का प्रयोग किया जाता है।

<u>प्रारूप</u>

..... मंत्रालय

..... विभाग

विषय :

कलेवर

हस्ताक्षर

(नाम)

पदनाम

दूरभाष सं.

पदनाम, मंत्रालय का नाम, पता जिसे अ. वि.टि. भेजी जानी है

अ.वि.टि.सं. .... मंत्रालय   दिनांक

पृष्ठांकन

जब किसी पत्र की प्रतिलिपि सूचना अथवा आवश्यक कार्रवाई आदि के लिए एक से अधिक मंत्रालयों, विभागों, कार्यालयों अथवा व्यक्तियों को भेजनी होती है तब पृष्ठांकन का प्रयोग किया जाता है।

जब पानेवाले के अतिरिक्त किसी अन्य को पत्र की प्रतिलिपि भेजनी होती है तब पृष्ठांकन का प्रयोग किया जाता है।

जब पत्र आदि (मूल या प्रतिलिपि के रूप में) कार्रवाई के लिए किसी मंत्रालय, कार्यालय, संबद्ध तथा अधीनस्थ कार्यालयों को भेजना होता है।

जब पत्र आदि मूल रूप में प्रेषक का वापस करना होता है। पृष्ठांकन दो प्रकार से किया जाता है

1. मूल पत्र पर नीचे लिख कर
2. अलग से मसौदा बनाकर

मूल पत्र पर अधिकारी के हस्ताक्षार और पदनाम के बाद नीचे पृष्ठांकन इस प्रकार किया जाता है।

सं. .... दिनांक ....
प्रतिलिपि सूचना एवं आवश्यक कार्रवाई के लिए प्रेषित
1.
2.

हस्ताक्षर
(नाम)
पदनाम

अधिसूचना और संकल्प

अधिसूचना और संकल्प भारत के राजपत्र में प्रकाशित किए जाते हैं।

अधिसूचना

राजपत्रित अधिकारियों की नियुक्ति, पदोन्नति, स्थानांतरण, प्रतिनियुक्ति आदि की सूचना राजपत्र में अधिसूचना के रूप में प्रकाशित की जाती है।

सांविधिक नियमों और आदेशों की सूचना, अधिसूचना के रूप में प्रकाशित होती है।

शक्तियों के सौंपे जाने की घोषणा भी इसी के माध्यम से होती है।

संकल्प

संकल्प का प्रयोग नीति संबंधी निर्णयों, जाँच समितियों या जाँच आयोग के गठन उनके अध्यक्ष एवं सदस्यों की नियुक्तियाँ, विचारणीय विषयों और उनके द्वारा लिए गए निर्णयों एवं निष्कर्षों आदि की सार्वजनिक घोषणा करने के लिए किया जाता है। सरकार द्वारा समय-समय पर निर्धारित की गई नीतियाँ ही संकल्प का मूल आधार होती है।

मसौदा बनाने के दिशा निर्देश

- इन दोनों के मसौदों में अतिरिक्त सावधानी रखनी पड़ती है:
- इसके मसौदे में कहीं भी काट-छाँट नहीं होनी चाहिए।
- लिखे पर दुबारा नहीं लिखा जाना चाहिए।
- हस्ताक्षर करके भी त्रुटि को सुधारा नहीं जा सकता।
- प्रथम टाइप प्रति ही प्रेस को भेजी जानी चाहिए।
- सक्षम अधिकारी के हस्ताक्षर स्याही से होने चाहिए।
- कृते करके हस्ताक्षर नहीं किए जा सकते।
- प्रेस को भेजी जाने वाली प्रति को छोड़कर दूसरी प्रतियों पर पृष्ठांकन टाइप किया जाता है।

प्रारूप

(भारत के राजपत्र के भाग .... खंड...... में प्रकाशनार्थ)

सं.

भारत सरकार

..... मंत्रालय

..... विभाग

नई दिल्ली

दिनांक

अधिसूचना

कलेवर

2.

3.

(क.ख.ग)

संयुक्त सचिव

सेवा में

    प्रबंधक,

    भारत सरकार मुद्रणालय,

    फरीदाबाद, दिल्ली।

संकल्प

<u>प्रारूप</u>

(भारत के राजपत्र के भाग ......खंड....... में प्रकाशनार्थ)

सं.

भारत सरकार

..... मंत्रालय

..... विभाग

स्थान

दिनांक

संकल्प

2.

3.

4.

(क.ख.ग)

(सचिव)

मंत्रालय, भारत सरकार

आदेश–

2.

3.

(क.ख.ग)

सचिव, ...मंत्रालय

भारत सरकार

परिपत्र

अपने अधीनस्थ कार्यालयों या कर्मचारियों से कोई सूचना माँगनी हो या उन्हें किन्हीं सरकारी आदेशों या अनुदेशों की सूचना देनी हो तो परिपत्र का प्रयोग किया जाता है।

परिपत्र प्राय: आंतरिक होता है इसका प्रयोग उसी मंत्रालय/विभाग/कार्यालय तक सीमित रहता है।

परिपत्र में दी गई हिदायतों को मानने के लिए अन्य मंत्रालय/कार्यालय बाध्य नहीं होते।

इसका प्रयोजन सरकारी नियमों या अनुदेशों को आवश्यकतानुसार कार्यालय के अधीनस्थ कर्मचारियों को सामान्य रूप से सूचित करना होता है।

इसमें किसी प्रकार के उत्तर की अपेक्षा नहीं की जाती है।
इसे पत्राचार का रूप नहीं माना जाता।
इसमें संदर्भ, संबोधन तथा अधोलेख नहीं लिखा जाता।

प्रारूप

सं.

भारत सरकार

..... मंत्रालय

..... विभाग

स्थान

दिनांक

परिपत्र

विषय

कलेवर

2.

3.

हस्ताक्षर

(क.ख.ग)

पदनाम

सेवा में

1.

2.

3.

प्रेस विज्ञप्ति और प्रेस टिप्पणी

सरकार के कार्यकलापों और नीतियों की व्यापक जानकारी जन सामान्य को देने के लिए प्रेस विज्ञप्ति और प्रेस टिप्पणी का प्रयोग किया जाता है।

प्रेस विज्ञप्ति

अंतर्राष्ट्रीय समझौतों, परीक्षा परिणामों, पदों को भरने हेतु विज्ञापन आदि का प्रकाशन समाचार पत्रों में प्रेस विज्ञप्ति द्वारा किया जाता है।

प्रेस विज्ञप्ति औपचारिक होती है

समाचार पत्र के संपादक को इसमें काट-छांट, वाक्य परिवर्तन या कुछ अतिरिक्त जोड़ने या घटाने का अधिकार नहीं होता। इसे ज्यों का त्यों समाचार पत्रों में प्रकाशित किया जाता है।

प्रेस विज्ञप्ति में प्रारूप बनाते समय सर्वप्रथम इस बात का संकेत होता है कि इसे किस दिनांक को कितने बजे से पूर्व प्रकाशित न किया जाए।

इसका जो निर्धारित शुल्क होता है उसका भुगतान भी प्रेस विज्ञप्ति प्रकाशित कराने वाले द्वारा देय होता है।

<u>प्रारूप</u>

(दिनांक........ समय........ से पूर्व प्रकाशित न किया जाए)

प्रेस विज्ञप्ति

विषय

कलेवर

स्थान
दिनांक

भारत सरकार
..... मंत्रालय
..... विभाग

मुख्य सूचना अधिकारी, प्रेस सूचना ब्यूरो, भारत सरकार, नई दिल्ली को यह प्रेस विज्ञप्ति प्रचार और प्रकाशनार्थ भेजी जाती है।

हस्ताक्षर
(क.ख.ग)
पदनाम
भारत सरकार
दूरभाष सं.

प्रेस टिप्पणी

प्रेस टिप्पणी जन सामान्य की सूचना हेतु समाचार पत्रों में प्रकाशित की जाती है।

यह औपचारिक नहीं होती।

संपादक अपनी सुविधानुसार इसको संपादित कर सकता है अर्थात इसके आकार को छोटा या बड़ा कर सकता है तथा वाक्य संरचना को बदल सकता है लेकिन यह ध्यान रखकर कि टिप्पणी का आशय तिरोहित न हो जाए। इसका उद्देश्य केवल सूचना को प्रकाशित कराना होता है।

इसके प्रकाशन की कोई समय-सीमा निर्धारित नहीं होती।

क्योंकि यह औपचारिक नहीं होती इसलिए इसमें निर्धारित कार्यविधि के पालन की आवश्यकता नहीं होती।

प्रारूप
प्रेस टिप्पणी

कलेवर

हस्ताक्षर
(क.ख.ग)
पदनाम

सेवा में,
  संपादक
  समाचार पत्र
  स्थान

अनुस्मारक

जब किसी मामले में कार्रवाई के लिए किसी मंत्रालय, विभाग, कार्यालय या व्यक्ति को पत्र भेजा जाता है तब उस पर की गई कार्रवाई के संबंध में उत्तर की अपेक्षा होती है। यदि निर्धारित अवधि में पत्र का उत्तर प्राप्त न हो तो संबंधित अधिकारी को याद कराने के लिए स्मरण पत्र/अनुस्मारक भेजा जाता है।

अनुस्मारक का प्रारूप शासकीय पत्र के समान होता है।

अनुस्मारक की भाषा कार्यालयीन भाषा की विशेषताओं से युक्त सरल और स्पष्ट होती है।

दो अर्थ देने वाले अस्पष्ट एवं अनिश्चित अर्थ देने वाले शब्दों का प्रयोग नहीं किया जाना चाहिए।

इसकी भाषा आदेशात्मक नहीं होती।

प्रारूप

सं.

भारत सरकार

..... मंत्रालय

..... विभाग

पता

दिनांक

सेवा में,

    पदनाम

    कार्यालय का नाम

    पता

विषय:

महोदय/ महोदया,

इस कार्यालय के दिनांक ....के पत्र सं. ....की ओर मैं आपका ध्यान आकर्षित करने तथा यह सूचित करना चाहता हूँ कि ....

भवदीय/भवदीया

हस्ताक्षर

नाम

पदनाम

हिंदी की पारिभाषिक शब्दावली

किसी भी विषय के विकास तथा उसकी अभिव्यक्ति के लिए उस विषय के अनुकूल शब्दों की आवश्यकता होती है। नए-नए अविष्कारों के साथ-साथ नए-नए शब्द भी जन्म लेते हैं। नए विचारों को व्यक्त करने के लिए गढ़े गए ये शब्द पारिभाषिक शब्द कहलाते हैं। ऐसे शब्द जिनका अर्थ जानने के लिए परिभाषा या व्याख्या की आवश्यकता होती है वे पारिभाषिक शब्द होते हैं।

पारिभाषिक शब्दावली को तकनीकी शब्दावली भी कहा जाता है क्योंकि इन शब्दों का प्रयोग तकनीकी तथा वैज्ञानिक विषयों आदि में ही अधिक होता है। अंग्रेजी में इसकी व्युत्पत्ति मूल ग्रीक शब्द TECHNICOS से हुई है जिसका अर्थ है-कला-कौशल फ्रेंच में यही शब्द TECHNE है जिसका अर्थ है To build अर्थात बनाना। इस तरह तकनीकी शब्द उसे कहेंगे जो किसी विचार या संकल्पना की अभिव्यक्ति के लिए बनाया गया हो

सामान्यत: शब्द तीन प्रकार के होते हैं- सामान्य, अर्ध पारिभाषिक और पारिभाषिक।

- सामान्य शब्द बोलचाल में प्रयुक्त होने वाले शब्द हैं जैसे ठंडा, गरम आदि
- अर्ध पारिभाषिक शब्द सामान्य और विशेष दोनों संदर्भों में प्रयुक्त होते हैं जैसे प्रगति, मंजूर, नोट।
- पारिभाषिक शब्द किसी विशिष्ट ज्ञान के क्षेत्र में एक निश्चित निर्धारित अर्थ में प्रयुक्त होते हैं जैसे टिप्पणी, बीजक।

आज का युग विज्ञान और प्रौद्योगिकी का युग है। विज्ञान के नए-नए अविष्कार तथा उद्योगों के विस्तार के साथ पारस्परिक संवाद तथा विशिष्ट संप्रेषण के लिए साधारण भाषा अपर्याप्त होती है। अत: इन नवीन शोधों, प्रयोगों तथा उपलब्धियों से लाभान्वित होने के लिए उस संबंधित क्षेत्र की विशिष्ट शब्दावली का ज्ञान आवश्यक है। विशिष्ट क्षेत्र की ये विशिष्ट अभिव्यक्तियाँ ही पारिभाषिक शब्दावली की सृजन भूमि है।

शब्द निर्माण के लिए भारत सरकार की नीति है कि भाषा की आत्मीयता में हस्तक्षेप किए बिना हिंदुस्तानी और अष्टम अनुसूची में उल्लिखित अन्य भारतीय

भाषाओं की रूप-शैली और पदावली को आत्मसात करते हुए उसके शब्द भंडार के लिए मुख्यत: संस्कृत तथा गौणत: उल्लिखित भाषाओं से शब्द ग्रहण करते हुए उसकी समृद्धि सुनिश्चित करना संघ का कर्तव्य होगा।

संविधान बनाने वालों की यह इच्छा थी कि हिंदी भारत में इस प्रकार विकसित हो कि सबके लिए सहृदय हो और सभी प्रांतों के लोग इसे अपनाकर इसमें सरकारी कामकाज करें। पारिभाषिक शब्दावली बनाने के पाँच सिद्धांत है:

1. ग्रहण सिद्धांत इसके अंतर्गत यूरोपीय भाषा या अन्य भाषाओं के प्रचलित पारिभाषित शब्दों को ज्यों का त्यों ग्रहण कर लेने का सुझाव है जैसे पेट्रोल, मोबाइल, पेन पैंसिल, हकीम, डाक्टर आदि।

2. अनुकूलन सिद्धांत के अंतर्गत वे विदेशी शब्द आते हैं जो अपनी भाषा की ध्वन्यात्मक एवं व्याकरणिक विशेषताओं के अनुकूल परिवर्तित कर अपनी भाषा में शामिल किए जाते हैं जैसे Officer के लिए अफसर Acadmy के लिए अकादमी आदि।

3. संचयन सिद्धांत के अंतर्गत भारतीय भाषाओं, उप भाषाओं तथा बोलियों के उपयुक्त शब्दों का पारिभाषिक रूप में संचयन व प्रयोग किया जाना अपेक्षित होता है। जैसे बंगला भाषा से संदेश, उपन्यास, कविराज आदि।

मराठी भाषा से लागू, श्रीखंड, मंगलसूत्र

गुजराती भाषा से ढोकला, हड़ताल

पंजाबी भाषा से लंगर, लस्सी, कड़ा

द्रविड़ भाषाओं से चिल्लर, पंडाल, डोसा, इडली

4. निर्माण सिद्धांत के अंतर्गत ज्ञान–विज्ञान के पारिभाषिक शब्दों का निर्माण धातु या शब्द में उपसर्ग या प्रत्यय लगाकार बनाया जाता है जैसे

पद+अधिकारी=पदाधिकारी   निदेश+आलय=निदेशालय

अनु+दान=अनुदान   विकास+शील=विकासशील

5. अनुवाद सिद्धांत पारिभाषिक शब्दावली निर्माण के लिए उपयोगी सिद्धांत हैं जैसे Workshop – कार्यशाला, Coldwar – शीत युद्ध आदि।

संक्षेप में आयोग की अपेक्षा है कि

- विदेशी संकल्पनाओं को विशेषकर अविष्कारों के अनुवाद की आवश्यकता नहीं जैसे दवाइयों एवं बीमारियों के नाम आदि

- हिंदी की परंपरा में बहुत सी विदेशी भाषाओं के शब्द मिल गए हैं उन्हें हिंदी में यथोचित स्थान देना उचित हैं।